Fernando Pessoa

José Paulo Cavalcanti Filho

Fernando Pessoa

o livro das citações

1ª edição

EDITORA RECORD
RIO DE JANEIRO • SÃO PAULO
2013

CIP-BRASIL. CATALOGAÇÃO NA PUBLICAÇÃO
SINDICATO NACIONAL DOS EDITORES DE LIVROS, RJ

C365f Cavalcanti Filho, José Paulo, 1948-
Fernando Pessoa: o livro das citações / José Paulo Cavalcanti Filho. - 1. ed. - Rio de Janeiro: Record, 2013.

ISBN 978-85-01-40417-6

1. Pessoa, Fernando, 1888-1935 - Citações. I. Título.

13-01573 CDD: 869.1
CDU: 821.134.3-1

Capa: Leonardo Iaccarino
Imagem de capa: Almada Negreiros, coleção do autor
Composição de miolo: Abreu's System

Texto revisado segundo o novo Acordo Ortográfico da Língua Portuguesa

Rua Argentina, 171 - Rio de Janeiro, RJ - 20921-380 - Tel: 2585-2000

Impresso no Brasil

ISBN 978-85-01-40417-6

PARA JOSÉ

"Escrevo embalando-me,
como uma mãe louca a um filho morto".

Livro do desassossego, Bernardo Soares

Sumário

D

E

F

Apresentação

> "Penso às vezes, com um deleite triste, que se um dia, num futuro a que eu já não pertença, estas frases, que escrevo, durarem com louvor, eu terei enfim a gente que me *compreenda*, os meus, a família verdadeira para nela nascer e ser amado."
> *Livro do desassossego*, Bernardo Soares

No início de um livro sobre Fernando Pessoa, comparando a insignificância da vida à grandeza do que escreveu, disse Octavio Paz que "a sua obra é a sua biografia".[1] O que é verdade, mas não é inteiramente verdade. Porque, à margem do poeta, sobrevive um homem que dorme, se veste, almoça, trabalha e sonha. Mas quem será mesmo esse homem?, eis a questão. Ao longo dos quase dez anos que consumi escrevendo uma biografia sua,[2] tentei decifrar esse enigma. E assim ele foi escapando das sombras num físico débil, com pernas pouco musculosas e desconjuntadas. Braços flácidos, que balançavam sem coordenação ao caminhar, para ele "estandartes de Deus". Mãos brancas e "um pouco sombrias", de que tinha vergonha — tanto que as escondia por trás dos joelhos, quando sentava. Peito chato, como o peito chato do pai tuberculoso. Face banal, "pálida e sem interesse". Voz "baça e trêmula". Ouvido "meio fraco". Nariz que dizia ser um "focinho envergonhado que ofendia a humanidade". E míope, usando sempre óculos redondos — de metal

1 *Fernando Pessoa, o desconhecido de si mesmo*, 2ª ed. Lisboa, Veja, 1992.
2 *Fernando Pessoa, uma quase autobiografia*, Ed. Record, Rio, 2011.

(no começo da vida) ou tartaruga (no final). Em resumo, palavras suas, "para ser cadáver só me faltava morrer".

Segundo ele, "o artista deve nascer belo e elegante". Mas já que belo não nasceu, essa "mistura de judeus e fidalgos", cumpria ser elegante. A tragédia do corpo era então compensada num enorme apuro no vestir. Vaidoso, até. Com sapatos pretos de verniz, comprados na Sapataria Contente (que ficava no início da Avenida da Liberdade). Lenços, meias e camisas (brancas e gomadas, com punhos retos e colarinhos de ponta) na Camisaria Pitta (da Rua do Ouro). Calças *papo de anjo* (apertadas nas polainas), casacos compridos (apertados no corpo) e ternos de corte *anglo-saxônico* feitos, sob medida, pelos mestres da Casa Lourenço e Santos (da Praça dos Restauradores). A mais cara de Lisboa. Gravatas-borboleta ou laços, pretos ou cinza, para combinar com chapéus *diplomata* dessas mesmas cores, que usava sempre tombados para o lado direito. Tudo comprado em endereços de abastados, por alguém que vivia em perpétua penúria econômica. No seu diário, há inclusive fartas indicações disso — como ter, várias vezes, ficado sem jantar por falta de dinheiro para pagá-lo. Tendo ainda que aturar na porta, com infausta frequência, os fraques vermelhos dos cobradores da Procural ou da Procuradoria Fênix — empresas especializadas em fazer cobranças a clientes morosos, pouco dedicados à arte de pagar suas contas em dia. Completando a indumentária desse cavaleiro de triste figura, na mão portava um anel de prata com as armas dos escudos aquartelados de suas ascendências — a dos Araújos, a dos Camisões, a dos Pereiras, a dos Souzas.

Assim era esse homem estranho, que deu seu primeiro beijo de amor aos 32 anos; e preferiu renunciar às companhias femininas, em troca do destino grandioso que pressentia para suas obras. Sem amigos íntimos, salvo o caríssimo Sá-Carneiro —, que, com só 25 anos, se suicidou no Grand Hotel de Nice (atual des Artistes), em Paris, 1916, vestido com roupa de festa.

Alguém que depois de voltar da África para Lisboa, com 17 anos, jamais saiu de lá — salvo rápida visita a Portalegre, onde comprou máquinas para sua Empresa Íbis, Tipografia e Editora, Oficinas a Vapor (que logo viria a falir, como as outras empresas que teve — F. A. Pessoa, F. N. Pessoa, Editora Olisipo). Que perambulou por mais de trinta moradias e sobreviveu fazendo a correspondência de quase trinta firmas comerciais. "Profissão, a designação mais própria seria tradutor, a mais exata a de correspondente estrangeiro em casas comerciais. O ser poeta não é uma ambição minha, é minha maneira de estar sozinho", assim se definiu. Tanto que a seu implausível amor, Ophelia Queiroz, pedia: "Nunca diga a ninguém que sou poeta. Quando muito faço versos." Faltando só lembrar que, com esses versos, quase tocou as estrelas. Em resumo, era um homem comum de vida simples, discreto, enormemente discreto, educado, sem um grande gesto, sem uma torpeza, sem um fato memorável a registrar, nem herói, nem vilão, nem santo.

Por tudo, pois, o que elevará seu nome é o que escreveu. Quatro pequenos livros em inglês — *35 Sonnets* (1918), *Antinous* (1918), *English Poems I, II* (1921) e *English Poems III* (1921). Um livro também pequeno em português — *Mensagem* (1934), com o qual ganhou o Prêmio Antero de Quental para *poemas ou poesias soltas, com alto sentido de exaltação nacionalista.* Dois manifestos publicados, *Ultimatum* (1917) e *O interregno — defesa e justificação da ditadura militar em Portugal* (1928). Mais outros dois, distribuídos nas ruas, *Sobre um manifesto de estudantes* (1923) e *Aviso por causa da moral* (1923). Além dos 134 textos em prosa e 300 poemas escritos para 50 jornais ou revistas, entre as quais aquelas que dirigiu — *Orpheu* (dois números, 1915), *Athena* (cinco, 1924/5), *Revista de Comércio e Contabilidade* (seis, 1926). Mais o que ficou numa arca em que punha tudo quanto escrevia, bem mais que vinte mil páginas (quase sempre) magníficas. Palavras gloriosas ditas por quem não mereceu, dos contemporâneos, a glória que no mais íntimo sabia merecer (e esperava). Em seu *Ultimatum*, como que previu esse destino funesto ao dizer que "A Europa... quer o poeta que busque a imortalidade ardentemente, e não se importe com a fama, que é para as atrizes e para os produtos farmacêuticos". Falava dele, e ninguém percebeu. Autor do *Livro do desassossego* — para Paul Bailey, "o Livro do Século" XX. E essa "espécie de epopeia do fracasso absoluto", palavras de Robert Bréchon,[3] que é "Tabacaria" — segundo Remy Hourcade, "o mais belo poema do mundo".

Aos poucos, impressentidamente, fui me tornando próximo dele. Tantas vezes como que vivi, na carne, suas pequenas alegrias, suas dúvidas, seus desalentos, a consciência do gênio, a liturgia do fracasso. E quis dividir o espanto que tantas vezes senti, ao ler seus textos, com mais gente. Assim, no começo meio por acaso, e a pedido de meu filho mais velho, José, fui anotando frases que escreveu sobre os mais diversos assuntos. Muitos já fizeram o mesmo com outros autores, não há nada nisso de original. Inclusive com o próprio Pessoa.[4] Alguns leitores certamente discordarão das escolhas — feitas a partir de preferências estritamente *pessoais*, assim me sugeriu dizer Millôr Fernandes. Versos em outras línguas traduzi literalmente, sem preocupação com rimas, sobretudo para lhe ser fiel. A ortografia, corrigi para a atual. E quando imagino seja necessária alguma explicação, seguem nos rodapés das páginas correspondentes. Os textos vão indicados por títulos, quando existirem. Ou por datas, novamente quando existirem. Porque,

3 Em *Estranho Estrangeiro, uma biografia de Fernando Pessoa*, Lisboa, Círculo dos Leitores, 1997.

4 *Citações e pensamentos de Fernando Pessoa*, organização de Paulo Neves da Silva, Casa das Letras, Alfragide, 2009; *Fernando Pessoa, aforismas e afins*, edição e prefácio de Richard Zenith, Assírio e Alvim, Lisboa, 2003; *Fernando Pessoa, a quintessência do Desassossego*, organização e apresentação A. S. Franchini e Carmen Seganfredo, Artes e Ofícios, Porto Alegre, 2007.

com frequência, não datava o que escrevia. Ou então punha, nesses textos, datas falsas. Tudo completado pelos nomes dos respectivos *autores* dessas frases.

É que, inspirado sobretudo em Sören Kierkegaard — pai do existencialismo e escritor da *era dourada dinamarquesa* no século XIX —, Pessoa assinava boa parte dos seus escritos como se fosse outros. *Heterônimos*, assim se convencionou dizer. Foram 127 os que consegui listar — todos apresentados, no livro que escrevi, com suas biografias possíveis. E assim será, neste livro de agora, com as citações creditadas aos respectivos *heterônimos* que as *escreveram*. Mesmo sabendo que lhes dava uma importância secundária. Tanto que decidiu, no fim da vida, abandonar todos eles. Para publicar o melhor da produção desses heterônimos em um "Livro Grande", com "300/400 páginas", que seria assinado com seu próprio nome — Fernando Pessoa. Apenas lhe faltou tempo. Pouco antes de morrer — saudades dele —, o enorme poeta Pe. Daniel Lima, do alto de seus quase 100 anos, me mandou poema que escreveu em homenagem a Pessoa ("Morte antecipada"), em que diz:

> O tempo gastará tua lembrança
> Assim como gastou a tua vida.
> Em breve serás apenas nome
> Gravado em uma pedra
> (Que ninguém saberá que amor continha)
> Talvez um rosto estranho
> Numa fotografia consumida
> Entre outros igualmente mortos
> (Que mesmo nos retratos pousa a morte)
> Às vezes, dirão o teu nome
> E sentirás vontade de voltar
> Não voltes.
> Em torno da tua morte

Tantas vidas cresceram
Que sentirás a necessidade
de estar morto sempre.
Teu erro foi morrer.
Agora é tarde.

Há mesmo homens que morrem quando morrem. E os que morrem aos poucos, na lembrança dos amigos ou no que escreveram pela existência — porque palavras envelhecem, amigos meus. Mas há também os escolhidos pelos deuses. Eternos. Como Fernando Pessoa, "Rei da nossa Baviera" — na curiosa definição de outro iluminado, Eduardo Lourenço.[5] São aqueles que permanecerão vivos para sempre na memória de seu povo e de sua língua. Corre uma lenda segundo a qual ele morreu (em 30.11.1935), com 47 anos — no quarto 30 (mais tarde renumerado para 308) do Hospital São Luís dos Franceses, no Bairro Alto de São Roque, Lisboa. Não deve ser verdade. Não pode ser verdade. Tanto que, outro dia, o vi no Chiado. Minha mulher insiste que era um sósia — prova de que ela não entende nada de fantasmas. É claro que era, só podia ser o meu amigo Fernando Pessoa. Ele mesmo pressentiu esse mistério ao dizer, no seu "The mad fiddler", que "os fantasmas dos meus mortos Eus fazem parte de minha carne agora". Dando-se por finda esta breve apresentação com a indicação de que este livro é sobretudo um ato de devoção. Como disse um dia, no *Desassossego*, "Em minha alma ignóbil e profunda registro, dia a dia, as impressões que formam a substância extrema da minha consciência de mim. Ponho-me em palavras vadias". Aqui estão.

José Paulo Cavalcanti Filho,
13 de junho de 2014.

---

5 *Fernando Pessoa, Rei da nossa Baviera*, Gradiva, Lisboa, 2008.

A

Abismo

Somos dois abismos! — um poço fitando o Céu.

Livro do desassossego, Bernardo Soares

Eu nada sou, pois nada realizo,
Há entre mim e o mundo o abismo eterno.

"A sesta indefinida", Fernando Pessoa

A alma humana é um abismo.

Sem título (sem data), Fernando Pessoa

Abuso

Todos tendem para abusar; e quem está em condições de poder fazê-lo, fá-lo-á com mais certeza e violência.

Sem título (1926, *Revista de Comércio e Contabilidade*), Fernando Pessoa

Água

Fresca e viva
A água aviva
Minha vida.

Sem título (10/4/1912), Fernando Pessoa

Alegria

A minha alegria é tão dolorosa como a minha dor.

Livro do desassossego, Bernardo Soares

Consoladora dos que não têm consolação, lágrimas dos que nunca choram, hora que nunca soa — livra-me da alegria e da felicidade.

Livro do desassossego ("Grandes trechos"), Bernardo Soares

Se sou alegre ou sou triste?
Francamente, não o sei
A tristeza em que consiste?
Da alegria o que farei?

Sem título (20/8/1930), Fernando Pessoa

Além

Emissário de um rei desconhecido,
Eu cumpro informes instruções de além.

"Passos da cruz", Fernando Pessoa

Alma

Creio mais no meu corpo do que na minha alma.

"Poemas inconjuntos", Alberto Caeiro

A alma é grande e a vida pequena
E só alcançamos onde o nosso braço chega
E só vemos até onde chega o nosso olhar.

"Dois excertos de odes", Álvaro de Campos

Na alma, e com alguma verdade;
Na imaginação, e com alguma justiça;
Na inteligência, e com alguma razão —
Meu Deus! meu Deus! meu Deus!

"Pecado original", Álvaro de Campos

Por que é que me deste a tua alma
se eu não sabia que fazer dela?

Sem título (15/4/1928), Álvaro de Campos

Por que é que me acordaste a sensação e a nova alma
Se eu não saberei sentir, se a minha alma é
de sempre a minha?

Sem título (15/4/1928), Álvaro de Campos

Toda a alma digna de si própria
deseja viver a vida em extremo.
Contentar-se com o que lhe dão
é próprio dos escravos.

Livro do desassossego, Bernardo Soares

Assim às vezes, neste decurso da vida, a alma, que sofreu porque a vida lhe pesou, sente subitamente um alívio, sem que se desse nela o que o explicasse. A imensidade vazia das coisas, o grande esquecimento.

Livro do desassossego, Bernardo Soares

A alma é divina e a obra é imperfeita
Da obra ousada, é minha a parte feita:
O por-fazer é só com Deus.[6]

Mensagem ("Padrão"), Fernando Pessoa

6 Pessoa escreve Deus, indiferentemente, com a primeira letra em maiúscula ou minúscula. O mesmo com numerosas outras palavras, como *Fado, Mar* ou *Natureza.* Aqui, constam como foram escritas.

A alma é vil.

Mensagem ("Prece"), Fernando Pessoa

Não sei quem sou, que alma tenho.

"Consciência de plenitude", Fernando Pessoa

Minha alma é uma folha de ouro.
Frio tesouro inútil.
Fútil, fútil, fútil.

"Na despedida", Fernando Pessoa

A alma humana é porca como um ânus.

"Notas sobre Tavira", Álvaro de Campos

Minha alma é uma galera abandonada
Numa praia deserta...

Sem título (5/7/1911), Fernando Pessoa

E, ó vento vago
Das solidões,
Minha alma é um lago
De indecisões.

Sem título (1/9/1928), Fernando Pessoa

Minha alma é a sombra presente
De uma presença passada.

Sem título (1/5/1929), Fernando Pessoa

Não sabemos da alma
Senão da nossa;
A dos outros são olhares
São gestos, são palavras.

Sem título (1934), Fernando Pessoa

Só uma vaga pena inconsequente
Para um momento à porta da minha alma
E após fitar-me um pouco
Passa, a sorrir de nada.

"Odes" (23/11/1918), Ricardo Reis

Altura

Sou do tamanho do que vejo
E não do tamanho da minha altura.[7]

"O guardador de rebanhos", Alberto Caeiro

Amanhã

Ó grandes homens do Momento!
Ó grandes glórias a ferver
(...)
Tratem da fama e do comer,
Que amanhã é dos loucos de hoje!

"Gazetilha", Álvaro de Campos

Amanhã eu também serei o que deixou de passar nestas ruas, o que outros vagamente evocarão com um "o que será dele?".

Livro do desassossego, Bernardo Soares

---

7 Referência à célebre frase *Pigmei gigantum humeris impositi plusquam ipsi gigantes vident* que, palavras de Roberto K. Merton, remonta a Bernard de Chartres (nascimento e morte desconhecidos), chanceler da Escola da Catedral de Chartres entre 1115 e 1124. A frase segundo a qual o *anão, nas costas* (ou nos ombros) *de um gigante, vê mais que o gigante* aparece depois citada por numerosos autores (para Merton, quase cinquenta), entre os quais Montaigne (1523-1592), Newton (1642-1727), Coleridge (1771-1834), Freud (1856-1939) e Monteiro Lobato (1882-1948).

Adia tudo. Nunca se deve fazer hoje o que se pode deixar de fazer também amanhã.

Livro do desassossego ("Grandes trechos"), Bernardo Soares

O amanhã pode ser apenas noite.
Ou pode ser uma aurora.

"Últimas palavras", Fernando Pessoa

Amigos (Amizade)

Não reparamos que éramos um só,
que cada um de nós era uma ilusão do outro,
e cada um, dentro de si,
o mero eco do seu próprio ser.

Livro do desassossego ("Grandes trechos"), Bernardo Soares

Éramos só um.

"Sá-Carneiro", Fernando Pessoa

Outros terão
Um lar, quem saiba, amor, paz, um amigo.[8]

Sem título (1920), Fernando Pessoa

Considere quão poucos são os amigos reais que tem,
porque poucas pessoas estão aptas
a serem amigas de alguém.
Tente seduzir pelo conteúdo do seu silêncio.

Anotação sem data, Fernando Pessoa

---

8 O próprio Pessoa disse: "Tive um certo talento para a amizade, mas nunca tive amigos" — salvo o querido Sá-Carneiro, que se suicidou com só 25 anos. Ophelia Queiroz completa: "Não tinha sequer aquilo a que se chama amigo." Por conta de seu temperamento introvertido, pouco dado a intimidades.

Amor

O amor é uma companhia.
Já não sei andar só pelos caminhos,
Porque já não posso andar só.

"O pastor amoroso", Alberto Caeiro

Vai alta no céu a lua da Primavera.
Penso em ti e dentro de mim estou completo.

"O pastor amoroso", Alberto Caeiro

Uma vez amei, julguei que me amariam
Mas não fui amado.
Não fui amado pela única grande razão —
Porque não tinha que ser.

"Poemas inconjuntos", Alberto Caeiro

Amar é a eterna inocência.

"O guardador de rebanhos", Alberto Caeiro

Amar é pensar.

"O pastor amoroso", Alberto Caeiro

Se eu pedi amor,[9] por que é que me trouxeram dobrada à moda do Porto fria?

"Dobrada à moda do Porto", *Álvaro de Campos*

9 Há controvérsias em relação ao sentido da frase (e do próprio poema). *Metáforas,* no dizer de Tereza Rita Lopes. *Uma possibilidade de amar,* segundo Eduardo Lourenço. É que, para comentadores da sua obra, o "amor como dobrada fria" do poema seria o homossexual.

Amar é entregar-se. Quanto maior a entrega, maior o amor. Mas a entrega total entrega também a consciência do outro. O amor maior é por isso a morte, ou o esquecimento, ou a renúncia.

Livro do desassossego ("Grandes trechos"), Bernardo Soares

O amor é a mais carnal das ilusões.

Livro do desassossego ("Grandes trechos"), Bernardo Soares

Compreender é esquecer de amar. Nada conheço mais ao mesmo tempo falso e significativo que aquele dito de Leonardo da Vinci, de que não se pode amar ou odiar uma coisa senão depois de compreendê-la.

Livro do desassossego, Bernardo Soares

Nunca amamos alguém. Amamos, tão somente, a ideia que fazemos de alguém. Em suma, é a nós mesmos que amamos.

Livro do desassossego, Bernardo Soares

Amar é cansar-se de estar só.

Livro do desassossego ("Grandes trechos"), Bernardo Soares

Amamos sempre no que temos
O que não temos quando amamos.

"A outra", Fernando Pessoa

Tenho pena de quem tem de amar.

"As sete salas do palácio abandonado", Fernando Pessoa

Não sei que grande tristeza
Me fez só gostar de ti
Quando já tinha a certeza
De te amar porque te vi.

"Quadras ao gosto popular", Fernando Pessoa

Ah, talvez mortos ambos nós,
Num outro rio sem lugar
Em outro barco outra vez sós
Possamos nós recomeçar.

"A outra", Fernando Pessoa

Oh como o meu amar-te, ó meu amor, te odeia!
Com que aversão te quero!

"Complexidade", Fernando Pessoa

Não sei razão pra amar-te mais que amar-te
Que queres que te diga mais que te amo,
Se o que quero dizer-te é que te amo?

"Primeiro Fausto", Fernando Pessoa

Amo como o amor ama
Ah! não perguntes nada; antes me fala
De tal maneira, que, se eu fora surdo,
Te ouvisse todo com o coração.

"Primeiro Fausto", Fernando Pessoa

Quando te vi, amei-te já muito antes.
Nasci pra ti antes de haver o mundo.

"Terceiro Fausto", Fernando Pessoa

O amor, ah, o amor não vale
Mais do que uma ilusão.

"Eros universo", Fernando Pessoa

Amei-te e por te amar
Só a ti eu não via...
Eras o céu e o mar,
Eras a noite e o dia...

Sem título (2/12/1913), Fernando Pessoa

Só sou teu onde me limito
Só toco em ti onde me perco.

Sem título (12/8/1917), Fernando Pessoa

Amei outrora a Rainha,[10]
E há sempre na alma minha
Um trono por preencher.

Sem título (25/12/1930), Fernando Pessoa

Ainda que amar seja um receio,
Uma lembrança falsa e vã,
E a noite deste vago anseio
Não tenha manhã.

Sem título (sem data), Fernando Pessoa

Ama, bebe
E cala. O mais é nada.

"Odes" (3/11/1923), Ricardo Reis

Ninguém a outro ama, senão que ama
O que de si há nele, ou é suposto.

"Odes" (8/9/1932), Ricardo Reis

Analogia

Ah, tudo é símbolo e analogia!
O vento que passa, a noite que esfria.

"Primeiro Fausto", Fernando Pessoa

10 Essa *Rainha* era Ophelia Queiroz, com quem, pouco antes, tinha encerrado Pessoa uma relação amorosa. Ophelia lhe foi fiel até sua morte. Depois se casaria, em 1938, com o administrador e homem de teatro Augusto Eduardo Soares — e foram, a seus modos, felizes.

Angústia

Sou o rosto de todos os cansaços
A dor de todas as angústias.

Sem título (21/12/1913), Fernando Pessoa

Aniversário

No tempo em que festejavam o dia dos meus anos,
Eu era feliz e ninguém estava morto.[11]

"Aniversário", Álvaro de Campos

Depois, lentamente esqueceste.[12]
Só és lembrado em duas datas, aniversariamente:
Quando faz anos que nasceste,

---

11 O poema, dado por Pessoa como de 15/10/1929 (data de aniversário do heterônimo Álvaro de Campos, que o assina), foi de fato escrito em 13/6 (data de aniversário do próprio Pessoa) daquele ano. E lembra seu aniversário de 8 anos, em 13/6/1893. Porque logo depois, em 13 de julho de 1893, morreu em casa o pai tuberculoso, Joaquim de Seabra Pessoa. Como também morreram, até a data do poema, tantos familiares. O irmão Jorge (1894), em Lisboa. A avó materna, Madalena Pinheiro Nogueira (1896), na Ilha Terceira. O tio Manuel Gualdino da Cunha (1898), em Pedrouços. Duas irmãs: Madalena Henriqueta (1901), em Durban, e Maria Clara (1906), em Lisboa. A querida avó paterna Dionísia (1907), desdentada e louca, no hospício de Rilhafoles. A mãe do padrasto, dona Henriqueta Margarida Rodrigues (1909), numa casa de saúde em Belas. A tia-avó Maria e a tia-avó Adelaide (1911), em Lisboa. A tia-avó Rita (1916), em Pedrouços. O padrasto João Miguel dos Santos Rosa (1919), em Pretória. Veríssimo Caetano Dias (pai do cunhado) e a sobrinha Leonor, em Lisboa, mais o tio Henrique Rosa e a mãe (1925), na Quinta dos Marechais. A *tia* Lisbela (1929), em Lisboa. Pessoa também sente a falta de amigos. Sampaio Bruno (1915), em Lisboa — o mesmo que, para ele, "morreu logo que morreu". Sá-Carneiro (1916), em Paris. Santa-Rita Pintor, Antonio Ponce de Léon e Amadeu de Souza Cardoso (1918), em Lisboa, no mesmo ano em que morreu o presidente-rei Sidônio Pais. Gomes Leal e Ângelo de Lima (1921), em Lisboa, também este em Rilhafoles. Guerra Junqueiro (1923), em Lisboa. Antônio Sardinha, amigo de Unamuno, em Lisboa (1925). Camilo Pessanha (1926), em Macau.

12 Para o padre Daniel Lima, o verso deve ser *esquecem-te*. Como não consegui localizar o original do poema, na Biblioteca Nacional de Lisboa, fica só o registro.

quando faz anos que morreste,
Mais nada, mais nada, absolutamente mais nada.

Sem título (26/4/1926), Álvaro de Campos

Duas vezes no ano pensam em ti.
Duas vezes no ano suspiram por ti os que te amaram,
E uma ou outra vez suspiram se por acaso se fala em ti.

Sem título (26/4/1926), Álvaro de Campos

Aprender

Isso exige um estudo profundo
Uma aprendizagem de desaprender.

"O guardador de rebanhos", Alberto Caeiro

Arte

Só a arte é útil. Crenças, escritos, impérios, atitudes —
tudo isso passa.

"Regresso dos deuses", Antônio Mora

A ciência descreve as coisas como são; a arte,
como são sentidas, como se sente que são.

"Regresso dos deuses", Antônio Mora

A arte é essencialmente Erro.

"Teoria do dualismo", Antônio Mora

A arte consiste em fazer os outros sentir
o que nós sentimos, sem os libertar deles mesmos,
propondo-lhes a nossa personalidade.

Livro do desassossego, Bernardo Soares

Quem quisesse resumir numa palavra a característica principal da arte moderna encontrá-la-ia, perfeitamente, na palavra *sonho*. A arte moderna é arte de sonho.

"A arte moderna é arte de sonho", Fernando Pessoa

A finalidade da arte não é agradar. O prazer é aqui um meio; não é neste caso um fim. A finalidade da arte é elevar.

"A finalidade da arte", Fernando Pessoa

A arte é apenas e simplesmente
a expressão de uma emoção.

"Arte e emoção", Fernando Pessoa

O fim da arte é a beleza.

"Apontamentos para uma estética não aristotélica",
Fernando Pessoa

Toda arte superior é profundamente triste.

"Athena", Fernando Pessoa

A arte é essencialmente antissocial e anarquista.

"Caderno C", Fernando Pessoa

A arte é uma doença.

"Caderno X", Fernando Pessoa

Toda arte é o resultado de uma colaboração entre sentimento e pensamento.

"Clássicos, românticos e decadentes", Fernando Pessoa

Não admito que fora da literatura haja realmente arte.

"De Orpheu e o sensacionismo", Fernando Pessoa

O valor essencial da arte está em ela ser o indício da passagem do homem no mundo, o resumo da sua experiência emotiva dele.

"Reflexões sobre a arte", Fernando Pessoa

Em arte tudo é lícito, desde que seja superior.

"Reflexões sobre o homem de gênio", Fernando Pessoa

A arte é uma mentira que sugere uma verdade.

"Sensacionismo", Fernando Pessoa

Artista

O artista não exprime as suas emoções. Exprime, das suas emoções, aquelas que são comuns aos outros homens. Falando paradoxalmente, exprime apenas aquelas suas emoções que são dos outros.

"Regresso dos deuses", Antônio Mora

O artista não tem que se importar com o fim social da arte, ou, antes, com o papel da arte dentro da vida social. O artista tem só que fazer arte.

"Função do artista", Fernando Pessoa

O artista deve nascer belo e elegante.

"O artista e sua imagem", Fernando Pessoa

Asas

Quanto mais eu abro as asas
Mais sei que não sei voar...

"Canção com eco", Fernando Pessoa

Automóvel

Ao volante do Chevrolet pela estrada de Sintra[13]
Ao luar e ao sonho, na estrada deserta
...
Na estrada de Sintra, cada vez mais perto de Sintra
Na estrada de Sintra, cada vez menos perto de mim.

Sem título (11/5/1928), Álvaro de Campos

Deixarei sonhos atrás de mim,
ou é o automóvel que os deixa?[14]

Sem título (11/5/1928), Álvaro de Campos

Avanço

É mais fácil fazer ir para a frente mais depressa quem lá vai indo muito devagar, do que fazer voltar atrás quem vai indo para a frente muito depressa.

"Como organizar Portugal", Fernando Pessoa

13 Trata-se, provavelmente, do primeiro exemplo de *merchandising* no campo da poesia. É que Pessoa, à época em que escreveu esses versos (11/5/1928), trabalhava na Empresa Nacional da Publicidade — uma agência controlada pela General Motors, fabricante dos automóveis Chevrolet.

14 Dos poucos gostos — ou luxos — de Pessoa, e por exótico que possa parecer, um era andar de automóvel.

B

Barco

Um barco parece ser um objeto cujo fim é navegar;
mas o seu fim não é navegar, senão chegar a um porto.

Livro do desassossego, Bernardo Soares

Bebida

Cada qual tem o seu álcool. Tenho álcool bastante em existir.
Bêbado de me sentir, vagueio e ando certo.[15]

Livro do desassossego, Bernardo Soares

A vida é um dia e a morte um horror
Bebe-me, bebe-me, bom bebedor.

"Primeiro Fausto", Fernando Pessoa

A borracheira[16] às vezes dá
Uma assombrosa lucidez.[17]

Sem título (11/2/1931), Fernando Pessoa

15 Referência a ele próprio, Pessoa, que bebia muito. E, a cada ano, mais. Tanto que referências a bebidas, quase inexistentes na primeira fase da relação com Ophelia (1921), passam a ser frequentes na segunda (1929/1930). E jamais admitiu parar de beber. "Se ele me disser que o seu fígado sofre com isso, respondo: o que é o meu fígado?" Assim foi. Tanto que, no fim da vida, chegou a ter *delirium tremens*. Mas não morreu de cirrose. A *causa mortis* provável foi pancreatite.

16 Em algumas edições do poema (como a da Nova Aguilar), essa expressão é substituída por uma equivalente, *bebedeira*.

17 Com frequência escrevia Pessoa sob efeito, assim dizia, dos "vapores casuais de uma beberagem alcoólica". Segundo ele, "falta sempre alguma coisa, um copo, uma crise; uma frase".

Beijo

Beija-nos silenciosamente na fronte,[18]
Tão levemente na fronte que não saibamos que nos beijam
Senão por uma diferença na alma.

"Dois excertos de odes", Álvaro de Campos

Beleza

A beleza é o nome de qualquer coisa que não existe
Que eu dou às coisas em troca do agrado que me dão,
Não significa nada.

"O guardador de rebanhos", Alberto Caeiro

Biografia

Se, depois de eu morrer, quiserem escrever a minha biografia,
Não há nada mais simples
Tem só duas datas — a da minha nascença e a da minha morte
Entre uma e outra coisa todos os dias são meus.

"Poemas inconjuntos", Alberto Caeiro

Bondade

Louvado seja Deus que não sou bom,
E tenho o egoísmo natural das flores.

"O guardador de rebanhos", Alberto Caeiro

18 Pessoa deu seu primeiro beijo de amor com 32 anos.

Brasil

E tu, Brasil, *república irmã*, blague de Pedro Álvares Cabral, que nem te queria descobrir![19]

Ultimatum, Álvaro de Campos

Sociologicamente, não há Brasil.

Carta a Eurico de Seabra (31/4/1916), Fernando Pessoa

Brisa

Assim a brisa
Nos ramos diz
Sem o saber
Uma imprecisa
Coisa feliz.

Sem título (9/5/1934), Fernando Pessoa

19 Apesar disso, reconhecia nossa importância como um país "com alma para poder ter império". Unidos nele, Brasil e Portugal, pelo sebastianismo e pela "pátria língua".

C

Cadáver

Pode ser que para outro mundo eu possa levar o que sonhei,
Mas poderei eu levar para outro mundo
o que me esqueci de sonhar?
Esses sim, os sonhos por haver, é que são o cadáver.

"Adiamento", Álvaro de Campos

A mim, quando vejo um morto, a morte parece-me uma partida. O cadáver dá-me a impressão de um traje que se deixou. Alguém que foi embora e não precisou de levar aquele terno único que vestira.

Livro do desassossego, Bernardo Soares

Minha ideia de ti é um cadáver que o mar traz à praia.

"Hora absurda", Fernando Pessoa

Para ser cadáver só me faltava morrer.

Sem título (1933, jornal *Ação*), Fernando Pessoa

Nada fica de nada. Nada somos.
Cadáveres adiados que procriam.[20]

"Odes" (28/9/1932), Ricardo Reis

---

20 Quase os mesmos versos que escreveu antes em "Sobre um manifesto de estudantes" (1923): "Loucos são os heróis, loucos os santos, loucos os gênios sem os quais a humanidade é uma espécie de animal, cadáveres adiados que procriam"; e depois (20/2/1933), em *Mensagem* ("D. Sebastião, Rei de Portugal"): "Sem a loucura que é o homem/ Mais que a besta sadia/ Cadáver adiado que procria".

Cais

Ah, todo o cais é uma saudade de pedra![21]

"Ode marítima", Álvaro de Campos

Calar

Quem sente muito, cala;
Quem quer dizer quanto sente
Fica sem alma nem fala,
Fica só, inteiramente!

Sem título (1928), Fernando Pessoa

Caminho

O meu caminho é pelo infinito fora até chegar ao fim!
Se sou capaz de chegar ao fim ou não, não é contigo,
É comigo, com Deus, com o sentido.

"Saudação a Walt Whitman", Álvaro de Campos

Canção

Canta-me, minha ama,
Uma canção triste.
(...)

---

21 Lembranças de quando, com 7 anos, partiu Pessoa de Lisboa, com a mãe, para Durban. No navio *Funchal*, em 5/1/1896. Casada por procuração em 30/12/1895, na Igreja de São Mamede, na África a esperava seu segundo marido — João Miguel dos Santos Rosa, Cônsul (interino) de Portugal. As *pedras* são as desse cais de onde partiu.

Canta-me ao ouvido
E adormecerei...

Sem título (4/11/1914), Fernando Pessoa

Já não vivi em vão
Já escrevi bem
Uma canção.

Sem título (7/5/1927), Fernando Pessoa

Cantar

É sempre tarde demais para cantar, assim como é sempre tarde demais para não cantar...

"O marinheiro", Fernando Pessoa

Canta como se tivesse
Mais razões para cantar que a vida.

Sem título (1914), Fernando Pessoa

Caridade

Cruzou por mim...
Aquele homem malvestido, pedinte por profissão que se lhe vê na cara,
Que simpatiza comigo e eu simpatizo com ele:
E reciprocamente, num gesto largo, transbordante, dei-lhe tudo quanto tinha
(Exceto, naturalmente, o que estava na algibeira onde trago mais dinheiro:
Não sou parvo nem romancista russo, aplicado,
E romantismo sim, mas devagar...)

Deu hoje, num gesto largo, liberal e moscovita,
Tudo quanto tinha, na algibeira em que tinha pouco, àquele
Pobre que não era pobre, que tinha olhos tristes por
profissão.

Sem título (sem data), Álvaro de Campos

Carnaval

É carnaval, e estão as ruas cheias
De gente que conserva a sensação,
Tenho intenções, pensamento, ideias,
Mas não posso ter máscara nem pão.

"Carnaval", Fernando Pessoa

Cartas

Todas as cartas de amor são
Ridículas
Não seriam cartas de amor se não fossem
Ridículas.[22]

Sem título (21/10/1935), Álvaro de Campos

22 Referência às 51 cartas que escreveu para Ophelia Queiroz: 36 na primeira fase da relação (1920), 12 na segunda e derradeira (1929/1930), mais uma que não indica Ophelia como destinatária (18/3/1920) e duas sem data. O curioso é que, mesmo depois de morto, não se sabia havê-las escrito — dado jamais ter confidenciado seu amor a nenhum amigo. Dessas cartas se tendo notícia só em agosto de 1936, por um sobrinho de Ophelia, Carlos Queiroz. Dela, ficaram 236 cartas. O poema foi escrito um mês antes da morte do poeta; findando, todas as estrofes, com a mesma palavra — *ridículas*.

Só as criaturas que nunca escreveram
Cartas de amor
É que são
Ridículas.

Sem título (21/10/1935), Álvaro de Campos

É nestas horas de um abismo na alma que o mais pequeno pormenor me oprime como uma carta de adeus.

Livro do desassossego, Bernardo Soares

Uma carta áspera ou violenta é sempre injustificada, porque é sempre inútil. Quem não paga porque não quer, não passa a pagar por lhe dizerem que não paga porque não quer. E quem não paga porque não pode, não fica contente que se diga ou se lhe insinue que não paga porque não quer.

Sem título (1926, *Revista de Comércio e Contabilidade*), Fernando Pessoa

Casamento

Queriam-me casado, fútil, quotidiano e tributável?

"Lisbon revisited (1923)",[23] Álvaro de Campos

Cavalaria

Os cavalos da cavalaria é que formam a cavalaria. Sem as montadas, os cavaleiros seriam peões.

"Reflexões", Fernando Pessoa

---

23 Pessoa escreveu dois poemas com o mesmo título, "Lisbon revisited". Para diferenciar, acrescentou os anos em que foram escritos. "Lisbon revisited (1923)" e "Lisbon revisited (1926)", publicados nos números 8 e 2 (terceira série) da revista *Contemporânea*.

Cego

Pergunta — Em que crês?
Resposta — Sou cego.
P — Quem és?
R — Sou nu.
P — O que tens?
R — *Só a mim.*

"Ritual de iniciação", Fernando Pessoa

Sou cego, vendo.[24]

Sem título (15/5/1910), Fernando Pessoa

Certeza

Em todos os manicômios há doidos malucos
com tantas certezas.[25]

"Tabacaria", Álvaro de Campos

Quanto mais medito na capacidade, que temos, de nos enganar, mais se me esvai entre os dedos lassos a areia fina das certezas desfeitas.

Livro do desassossego, Bernardo Soares

24 Horácio, um dos autores que mais influenciou Pessoa, era cego.

25 Entre os muitos amigos de Pessoa que andaram por manicômios, destaque para Ângelo de Lima — com quem se correspondia regularmente. O mesmo que, já no hospício de *Rilhafoles*, um dia lhe escreveu: *Nunca vos excedeu ou igualou algum poeta do mundo.*

Chocolate

Pudesse eu comer chocolates com a
mesma verdade com que comes!
Mas eu penso e, ao tirar o papel de prata,
que é de folha de estanho,
Deito tudo para o chão, como tenho deitado toda a vida.

"Tabacaria", Álvaro de Campos

Comprem chocolates à criança a quem sucedi por erro
E tirem a tabuleta porque amanhã é infinito.

Sem título (4/10/1930), Álvaro de Campos

Chuva

Desejo-lhes sol
E chuva, quando a chuva é precisa.

"O guardador de rebanhos", Alberto Caeiro

Este senhor Salazar
É feito de sal e azar.
Se um dia chove,
A água dissolve
O sal,
E sob o céu
Fica só azar, é natural.
Oh, com os diabos!
Parece que já choveu...

"Salazar", Um Sonhador Nostálgico do Abatimento e da Decadência

Ciência

Da alma sobriamente louca
Tirei poesia e ciência

"Primeiro Fausto", Fernando Pessoa

A árvore da ciência só nos deu os pomos
Da realidade.

Sem título (12/5/1910), Fernando Pessoa

Não há ciência social, ou, pelo menos, não a há por enquanto. Em matéria social há só opiniões.

Sem título (1926, *Revista de Comércio e Contabilidade*), Fernando Pessoa

A ciência! Como é pobre e nada!
Rico é o que alma dá e tem.

Sem título (4/10/1934), Fernando Pessoa

A ciência, a ciência, a ciência
Ah, como tudo é nulo e vão
A pobreza da inteligência
Ante a riqueza da emoção.

Sem título (4/10/1934), Fernando Pessoa

A ciência pesa tanto e a vida é tão breve!

Sem título (sem data), Fernando Pessoa

Cigarro

A vida sabe-me a tabaco louro.
Nunca fiz mais do que fumar a vida.

"Opiário", Álvaro de Campos

Saboreio no cigarro a libertação de todos os pensamentos
Enquanto o Destino mo conceder, continuarei fumando.[26]

"Tabacaria", Álvaro de Campos

Quem deixa de fumar, e se dá mal com fazê-lo, pode tornar a fumar. Mas um hábito social, isto é, uma tradição, uma vez quebrado, nunca mais se reata, porque é na continuidade que está a substância da tradição.

"Defesa e justificação da ditadura militar em Portugal",
Fernando Pessoa

Circo

Quando era criança o circo de domingo[27] divertia-se toda a semana.
Hoje só me diverte o circo de domingo de toda a semana da minha infância...

"Adiamento", Álvaro de Campos

---

26 Pessoa fumava oitenta cigarros por dia. Tantos que tinha amareladas as duas unhas e a ponta dos dois dedos da mão direita, com que os segurava. Primeiro *cigarros de onça*, preparados a mão, com o fumo sendo posto em *mortalhas*. Depois, com os cigarros industrializados, foi substituindo as marcas: *Provisórios*, *Definitivos*, no fim da vida, *Bons*. Dormia fumando. Em nota solta, comenta: "Acendi um cigarro, e só quando vi que tinha caído cinza sobre a cama compreendi que a consciência de mim se tinha intervalado com o abismo." Churchill, na Segunda Guerra Mundial, fumava 125 charutos por dia; enquanto Hitler foi o primeiro governante a proibir que se fumasse na sua frente. Segundo Carlos Heitor Cony, é o patrono dos antitabagistas de hoje. Só para lembrar, Mussolini, Kadafi e Salazar também não fumavam.

27 Referência aos circos que frequentava em Lisboa, depois de morto o pai, com o tio Manuel Gualdino — para ele, *Taco*.

Civilização

Não é o capitalismo, nem a burguesia, nem nenhuma outra dessas fórmulas vazias que está morrendo; é a civilização atual — a civilização greco-romana e cristã. Já nada a pode salvar.

"A crise europeia e o futuro império de Israel", Álvaro de Campos

Despir de mim
O meu traje de civilizado,
Minha pacífica vida,
A minha vida sentada, estática, regrada e revista!

"Ode marítima", Álvaro de Campos

Coca-Cola

Primeiro estranha-se. Depois entranha-se.[28]

Publicidade para a Casa Moitinho de Almeida, Fernando Pessoa

Combate

Quem se esquiva a travar um combate não é derrotado nele. Mas moralmente é derrotado, porque não se bateu.

"O banqueiro anarquista", Fernando Pessoa

---

28 A Casa Moitinho de Almeida, para quem Pessoa trabalhava, foi nomeada agente da Coca-Cola em Portugal (1928). Pessoa redigiu o *slogan* do refrigerante, que é esse. Provavelmente inspirado numa frase de Miguel de Unamuno, em *Vida de D. Quixote e Sancho: Grande e terrível coisa é ser o herói o único capaz de ver a sua heroicidade por dentro, nas suas próprias entranhas, e que todos os outros não a vejam por fora nas suas entranhas.* Seja como for, assim nasceu: *Primeiro estranha-se. Depois entranha-se.* Não foi seu único *slogan*. Também dele, bem conhecido, foi "Uma cinta Pompadour veste bem e ajuda sempre a vestir bem". Só que Coca-Cola não era uma cinta Pompadour. E acabou tendo sua comercialização vetada, por decisão do diretor de Saúde de Lisboa, Ricardo Jorge — que a considerou um alucinógico. Precisamente por conta do *slogan*.

Começo

Todo começo é involuntário.
Deus é o agente.

Mensagem ("O Conde D. Henrique"), Fernando Pessoa

Comer

Ó grandes homens do Momento!
(...)
Tratem da fama e do comer,
Que amanhã é dos loucos de hoje!

"Gazetilha", Álvaro de Campos

Comerciante

O comerciante é um servidor público; tem que estudar esse público, e as diferenças de público; não pode ter opiniões como comerciante; não tem personalidade, tem comércio.

"Teoria e Prática do Comércio (Preceitos Práticos)", Fernando Pessoa

A maioria dos comerciantes... quota um preço, porque esse preço lhe dará certo lucro, e não olha a mais. E por quê? Porque vive só o presente.

"Teoria e Prática do Comércio (Preceitos Práticos)", Fernando Pessoa

Compaixão

Olhando para mim, viu-me lágrimas nos olhos
E sorriu com agrado, julgando que eu sentia
O ódio que ele sentia, e a compaixão
Que ele dizia que sentia.

"O guardador de rebanhos", Alberto Caeiro

A única atitude intelectual digna de uma criatura superior é a de uma calma e fria compaixão por tudo quanto não é ele próprio.

Livro do desassossego ("Grandes trechos"), Bernardo Soares

Compreender

Quanto mais compreendo
Menos me sinto compreendido.

"Primeiro Fausto", Fernando Pessoa

Conclusão

Não quero nada.
A única conclusão é morrer.

"Lisbon revisited" (1923), Fernando Pessoa

Confidências

Faça o menos possível de confidências. Melhor não as fazer, mas, se fizer alguma, faça com que sejam falsas ou vagas.

Anotação sem data, Fernando Pessoa

Conhecer

Conhecer é como nunca ter visto pela primeira vez,
E nunca ter visto pela primeira vez é só ter ouvido contar.

"Poemas inconjuntos", Alberto Caeiro

Consciência

Ter consciência é mais que ter cor?

"Poemas inconjuntos", Alberto Caeiro

Que a nossa consciência de nós seja
Uma coisa que nada já deseja...

"Uns versos quaisquer", Fernando Pessoa

Conversa

Toda boa conversa deve ser um monólogo de dois.

Livro do desassossego, Bernardo Soares

Cópia

Tudo quanto fazemos, na arte ou na vida, é a cópia imperfeita do que pensamos em fazer.

Livro do desassossego, Bernardo Soares

Cor

De que cor será sentir?

Carta a Sá-Carneiro (14/3/1916), Fernando Pessoa

Coração

Aguento o coração como uma velha maldição.[29]

"The mad fiddler", Alexander Search

O meu coração mora em mim como um fantasma.

"The mad fiddler", Alexander Search

Meu coração é um almirante louco
que abandonou a profissão do mar.

"Ah, um soneto", Álvaro de Campos

Meu coração é uma avozinha que anda
Pedindo esmola às portas da Alegria.[30]

"Opiário", Álvaro de Campos

Meu coração é um balde despejado.
Como os que invocam espíritos[31] invoco
A mim mesmo e não encontro nada.

"Tabacaria", Álvaro de Campos

Sossega, coração inútil, sossega!
Sossega, porque nada há que esperar,
E por isso nada que desesperar também...

Sem título (sem data), Álvaro de Campos

---

29 A palavra *coração* aparece em 125 versos de Pessoa. Sendo mais frequente neles, só para constar, a palavra *mar*.

30 A Rua da Alegria fica bem no centro de Lisboa, e lá estavam os mais famosos cabarés da época. Bem próximo ficava a Tipografia Íbis, na Rua Conceição da Glória, primeiro empreendimento comercial de Pessoa — iniciado em outubro de 1909 e já falido no ano seguinte.

31 Em casa da tia Anica, onde morou de 1912 a 1914, Pessoa participava de sessões espíritas usando uma prancheta muito popular em fins do século XIX, na qual mensagens eram ditadas pelo além por um lápis — através dos espíritos ou pela força dos dedos daqueles que estavam em volta da mesa.

Meu coração, poço velho ao fim da quinta vendida,[32]
memória de infância fechada a pó no sótão da casa alheia.[33]

Livro do desassossego, Bernardo Soares

O coração, se pudesse pensar, pararia.

Livro do desassossego, Bernardo Soares

Meu coração está cansado como um mendigo verdadeiro.

"Apostila", Álvaro de Campos

Meu coração é uma ânfora que cai e que se parte...

"Hora absurda", Fernando Pessoa

Meu coração, uma esperança tão leve
Que não ousa nada esperar.

"Trois chansons mortes", Fernando Pessoa

Meu coração é mais sombra.

"Trois chansons mortes", Fernando Pessoa

Meu coração é uma princesa morta.

Sem título (11/6/1915), Fernando Pessoa

Como inútil taça cheia
Que ninguém ergue da mesa,
Transborda de dor alheia
Meu coração sem tristeza.

Sem título (19/8/1930), Fernando Pessoa

---

32 Pessoa nunca morou em casa (ou quinta) que fosse própria, razão pela qual nenhuma delas foi jamais *vendida*.

33 Essa "casa alheia" era a do comandante João Miguel dos Santos Rosa, seu padrasto.

Se é o que eu sinto que foi vão,
Por que me dói o coração?

Sem título (17/11/1930), Fernando Pessoa

Meu coração é um morto lago,
E à margem triste do lago morto
Sonha um castelo medieval...

Sem título (sem data), Fernando Pessoa

Coragem

A coragem de sacrificar o que se fez é a que mais escasseia ao poeta. Tão mais difícil refazer que fazer a primeira vez. Verdadeiramente, ao invés do que diz o prolóquio gálico, é o último passo o que mais custa.

"Ficções de interlúdio" (Introdução), Alberto Caeiro

Corpo

O meu corpo é o abismo entre eu e eu.[34]

"Corpos", Fernando Pessoa

O corpo é a sombra das vestes
Que encobrem teu ser profundo.

"Iniciação", Fernando Pessoa

34 Referência ao seu próprio corpo (do qual tinha vergonha). Citações semelhantes, em versos de Pessoa, são muitas: "Às vezes eu, olhando o próprio corpo, estremecia de terror ao vê-lo, assim na realidade, tão carnal"; "Meu braço, ei-lo, o estandarte de Deus"; "Mãos brancas (meras mãos sem corpo e sem braço)"; "Às vezes, quando fito as minhas mãos, tenho medo de Deus".

Meu corpo pesa no meu pensamento
De nunca deslocar-me até a alma
E ter sempre o momento
Aqui, eterno enquanto dura...[35]

Sem título (10/1/1916), Fernando Pessoa

Cortesia

A fama de ser atencioso e cortês vale mais que uma estampilha. É uma publicidade barata.

Sem título (1926, *Revista de Comércio e Contabilidade*),
Fernando Pessoa

Crer

Não é a dor de já não poder crer
Que me oprime
Mas apenas (e mais) completamente o horror
De ter visto o mistério frente a frente.

"Primeiro Fausto", Fernando Pessoa

Que o seu perfume suavize o momento
Este momento em que sossegadamente não cremos em nada
Pagãos inocentes da decadência.

"Odes" (12/6/1914), Ricardo Reis

35 Esse verso lembra o "Soneto da fidelidade", de Vinicius de Moraes: *Que não seja imortal, posto que é chama/ Mas que seja infinito enquanto dure.*

Criança

Se eu morrer novo, ouçam isto:
Nunca fui senão uma criança que brincava.

"Poemas inconjuntos", Alberto Caeiro

Por que é que me chamaste para o alto dos montes
Se eu, criança das cidades do vale, não sabia respirar?

"Adiamento", Álvaro de Campos

Depus a máscara e vi-me ao espelho
Era a criança de há quantos anos
Não tinha mudado nada...

Sem título (18/8/1934), Álvaro de Campos

É essa a vantagem de saber tirar a máscara
É-se sempre a criança.

Sem título (18/8/1934), Álvaro de Campos

Grande é a poesia, a bondade e as danças...
Mas o melhor do mundo são as crianças,

"Liberdade", Fernando Pessoa

Sou a criança triste em quem a Vida bateu.

Carta a Sá-Carneiro (14/3/1916), Fernando Pessoa

Fiquemos um perante o outro, como dois conhecidos desde a infância, que se amaram um pouco quando crianças.

Última carta a Ophelia Queiroz (primeira fase da relação, 29/11/1920), Fernando Pessoa

A criança que fui vive ou morreu?

Sem título (1932), Fernando Pessoa

Cristo (Cristão, Cristianismo)

E queriam que ele, que só nascera da mãe,
E nunca tivera pai para amar com respeito,[36]
Pregasse a bondade e a justiça!

"O guardador de rebanhos", Alberto Caeiro

O cristão é metafisicamente feliz. Tem os olhos da alma postos naquela perfeição divina em que não há mudança nem cessação. Pesa-lhe pouco a vileza do mundo: viver e ver são para ele um mal-estar transitório.

"Antônio Botto e o Ideal Estético em Portugal", Fernando Pessoa

O Cristianismo como o Budismo são crimes contra a humanidade, porque são crimes contra as leis divinas. São a tentativa, mais que todas sacrílega, de revelar o irrevelável.

"Paganismo Superior — Teoria do Paganismo", Fernando Pessoa

O mais do que isto
É Jesus Cristo,
Que não sabia nada de finanças[37]
Nem consta que tivesse biblioteca.

"Liberdade", Fernando Pessoa

36 Referência a Jesus Cristo. Mas também a ele, Pessoa — que quase não viu o pai tuberculoso (morto quando a criança tinha só 5 anos) e teve que conviver com o segundo marido da mãe.

37 O poema, de 16/3/1935, é um ato de protesto contra o autoritarismo de Salazar — como se percebe pelo próprio título. Vetado pela censura, foi publicado só depois da morte de Pessoa, em 02/3/1937, no número 9 da revista *Seara Nova*. A ironia do verso é ser referência ao fato de que Salazar, professor de direito financeiro em Coimbra, passou, em 1928, a ser ministro das Finanças de Portugal.

Eu sou o inferno. Sou o Cristo negro.
Pregando na cruz ígnea de mim mesmo.
O que não crê, nem ama.

"Primeiro Fausto", Fernando Pessoa

Cristo era um louco.

"Rule of life", Fernando Pessoa

Meu Rei morto tem mais que majestade:
Fala a Verdade nessa boca muda;
Suas mãos presas são a Liberdade.

Sem título (1935), Fernando Pessoa

Cristo é um deus a mais.

"Odes" (12/6/1914), Ricardo Reis

Crítica

A crítica é, em suma, todo o artifício que é feito com inteligência, e sem fim social nenhum.

"A influência da engenharia nas artes nacionais", Fernando Pessoa

Sou o mais severo dos críticos que tem havido.
Exijo a todos mais do que eles podem dar.

Carta a Ronald de Carvalho (29/2/1915), Fernando Pessoa

Ninguém pode esperar ser compreendido antes que os outros aprendam a língua em que fala.

Carta ao *Diário de Notícias* (4/6/1915), Fernando Pessoa

Não sou tão orgulhoso a ponto de desprezar completamente uma opinião diferente da minha própria, nem tão humilde a ponto de a aceitar completamente.

Carta a um editor inglês (sem data), Fernando Pessoa

Cultura

A cultura tende para a universalidade.

Sem título (1926, *Revista de Comércio e Contabilidade*), Fernando Pessoa

Como a cultura é uma entrepenetração artística e filosófica das sociedades, é na cultura que as relações mentais entre os povos conseguem o seu auge.

Sem título (1926, *Revista de Comércio e Contabilidade*), Fernando Pessoa

D

Dar

Tempo há para negares
Depois de teres dado.

"Odes" (21/10/1923), Ricardo Reis

Democracia

A democracia é o mais estúpido de todos os mitos.

"A crise europeia e o futuro império de Israel", Álvaro de Campos

A democracia é a vizinha do andar de cima (que deita lixo para o meu quintal).

"Sensacionismo", Fernando Pessoa

Pasmo hoje, com vergonha inútil de quanto admirei a democracia e nela cri, de quanto julguei que valia a pena fazer um esforço para bem da entidade inexistente chamada "o povo".

Carta a João Gaspar Simões (11/12/1931), Fernando Pessoa

Depois

Depois? Depois de quê? Depois é alguma coisa?

"O marinheiro", Fernando Pessoa

Depressão

Estou hoje no fundo de uma depressão sem fundo. O absurdo da frase falará por mim.

Carta a Sá-Carneiro (14/3/1916), Fernando Pessoa

Deputados

Não sentem: por isso são deputados e financeiros
(...)
Não sentem: para que haveriam de sentir?
Gado vestido dos currais dos Deuses.

"Nuvens", Álvaro de Campos

Derrota

E por detrás da derrota surge pura a solidão negra e implacável do céu deserto e estrelado.

Livro do desassossego, Bernardo Soares

Desassossego

Tudo em mim é um desassossego
sempre crescente e sempre igual.

Livro do desassossego, Bernardo Soares

Descoberta

A única coisa portuguesa, tipicamente portuguesa,
que houve em Portugal foi a descoberta — a obra mais
gloriosamente internacional.

"Lusitânia, Europa e Orpheu", Fernando Pessoa

Desejo

Não desejei senão ao sol ou à chuva
Ao sol quando havia sol
E à chuva quando estava chovendo.

"Poemas inconjuntos", Alberto Caeiro

Foi um desejo que, sem corpo ou boca,
A teus ouvidos de eu sonhar-te disse
A frase eterna, imerecida e louca.

"Intervalo", Fernando Pessoa

Deserto

Sou um deserto imenso
Onde nem eu estou.

Sem título (sem data), Fernando Pessoa

Despedida

Foram dados na minha boca os beijos de todos os encontros.
Acenaram no meu coração os lenços de todas as despedidas.

"Passagem das horas", Álvaro de Campos

Destino

O destino humano é ser escravo.

"Adiamento", Álvaro de Campos

Caí, como caem os deuses, no chão do Destino.

"Apostila", Álvaro de Campos

Destino a conduzir a carroça de tudo pela estrada de nada.

"Tabacaria", Álvaro de Campos

O que foi era o que tinha de ser, que assim o quiseram, sob a mão invisível do Fado,[38] os deuses senhores da matéria do nosso mundo.

"A alma antiga de Caeiro", Fernando Pessoa

O que tem de ser
Será, quer eu queira que seja ou que não.

Sem título (28/12/1928), Fernando Pessoa

A aranha do meu destino[39]
Faz teias de eu não pensar.

Sem título (1932), Fernando Pessoa

Acima dos deuses o Destino
É calmo e inexorável.

"Odes" (30/7/1914), Ricardo Reis

38 *Fado*, no texto, é *destino*.

39 Pessoa bebia demais. E, como já referido, chegou a ter *delirium tremens* — que, entre seus sintomas, inclui a visão de animais asquerosos pendurados ao corpo do paciente (*zoopsias*), que se debate, em convulsões, na tentativa de escapar deles. Nesse poema, depois de falar em "centopeia", "jacaré cor-de-rosa" e "tigre sem cabeça", também se refere a uma "aranha" do seu destino.

Deus

Diz-me muito mal de Deus
Diz que ele é um velho estúpido e doente,
Sempre a escarrar no chão
E a dizer indecências.

"O guardador de rebanhos", Alberto Caeiro

Não acredito em Deus porque nunca o vi.
Se ele quisesse que eu acreditasse nele
Sem dúvida que viria falar comigo
E entraria pela minha porta dentro
Dizendo-me, Aqui estou!

"O guardador de rebanhos", Alberto Caeiro

Se Deus é as flores e as árvores
E os montes e o céu e o mar,
Então acredito nele,
Então acredito nele a toda hora.
Mas se Deus é as árvores e as flores
E os montes e o luar e o sol,
Para que lhe chamo eu Deus?

"O guardador de rebanhos", Alberto Caeiro

Pensar em Deus é desobedecer a Deus.

"O guardador de rebanhos", Alberto Caeiro

Dê-me Deus a sujeira das ruas
Do nosso espírito, feito lama com nossas lágrimas
A poeira das nossas alegrias, o lodaçal dos nossos medos,
E a podridão da nossa vida!

"Canção suja", Alexander Search

Que mal fiz eu aos deuses todos?

"Lisbon revisited" (1923), Álvaro de Campos

E de repente, mais de repente do que da outra vez[40]
De mais longe, de mais fundo,
Lembro-me de Deus.

"Ode marítima", Álvaro de Campos

Deus, seja ele quem for,
Porque, seja ele quem for, com certeza que é Tudo.

Sem título (sem data), Álvaro de Campos

Basta uma dor de dentes para fazer descrer
na bondade do Criador.

Livro do desassossego, Bernardo Soares

Às vezes, na noite, quando me sinto só, chamo por ele e choro, e faço-me uma ideia dele a que possa amar... Mas depois penso que o não conheço, que talvez ele não seja assim, que talvez não seja nunca esse o pai da minha alma...

Livro do desassossego, Bernardo Soares

Talvez se descubra que aquilo a que chamamos Deus é um nosso modo de existência, uma sensação de nós em outra dimensão do ser.

Livro do desassossego, Bernardo Soares

Nasci em um tempo em que a maioria dos jovens havia perdido a crença em Deus, pela mesma razão que os seus maiores a haviam tido — sem saber por quê.

Livro do desassossego, Bernardo Soares

---

40 Para brasileiros, a frase evoca o "Soneto da separação", (novamente) de Vinicius de Moraes: *De repente, não mais que de repente,/ Fez-se de triste o que se fez amante.*

Os Deuses são a encarnação do que nunca poderemos ser.

Livro do desassossego, Bernardo Soares

Os Deuses, se são justos em sua injustiça, nos conservem os sonhos ainda quando sejam impossíveis, e nos deem bons sonhos, ainda que sejam baixos.

Livro do desassossego, Bernardo Soares

Que os Deuses todos me conservem, até a hora em que cesse este meu aspecto de mim, o conforto de ser pequeno e de poder pensar em ser feliz.

Livro do desassossego, Bernardo Soares

Será Deus uma criança muito grande?

Livro do desassossego, Bernardo Soares

Deus sou eu.

Livro do desassossego ("Grandes trechos"), Bernardo Soares

Deus é um grande intervalo
Mas entre que e quê?
Entre o que digo e o que calo.

"Além-Deus IV", Fernando Pessoa

Quanto mais desço em mim mais subo em Deus...

"Ascensão", Fernando Pessoa

Eu tenho Deus em mim...

"Ascensão", Fernando Pessoa

E eu tão Deus, tão Deus me sinto, tanto,
Que rezo a mim, meu Deus.

"Auréola", Fernando Pessoa

Às vezes sou o Deus que trago em mim.

"Deus", Fernando Pessoa

Às vezes não sou mais do que um ateu
Desse Deus meu que eu sou quando me exalto.

"Deus", Fernando Pessoa

Os Deuses vendem quando dão.
Compra-se a glória com desgraça.

Mensagem ("O das Quinas"), Fernando Pessoa

Deus é o Homem de outro Deus maior.

"No túmulo de Christian Rosenkreutz", Fernando Pessoa

Qualquer coisa de grande e pavoroso como o haver Deus...

"O marinheiro", Fernando Pessoa

Deus não tem unidade,
Como a terei eu?

"Poesias coligadas", Fernando Pessoa

Senhor, que és o céu e a terra, que és a vida e a morte! O sol és tu e a lua és tu e o vento és tu! Tu és os nossos corpos e as nossas almas e o nosso amor és tu também.

"Prece", Fernando Pessoa

Senhor. Dá-me alma para te servir e alma para te amar. Dá-me vista para te ver sempre no céu e na terra, ouvidos para te ouvir no vento e no mar, e mãos para trabalhar em teu nome.

"Prece", Fernando Pessoa

Senhor, protege-me e ampara-me. Dá-me que eu me sinta teu. Senhor, livra-me de mim.

"Prece", Fernando Pessoa

Há Deus ou não há Deus? Há alma ou não?
Eu não duvido, ignoro.

"Primeiro Fausto", Fernando Pessoa

Talvez que Deus não seja real e exista,
Talvez não seja Deus e exista.

"Primeiro Fausto", Fernando Pessoa

Não sejamos sínteses, sejamos somas: a síntese é com Deus.

"Regras de vida", Fernando Pessoa

Quando não vejo, e vejo Deus...
Vejo a sombra de Deus... Além de mim.

"Visão", Fernando Pessoa

Claro em pensar, e claro no sentir,
É claro no querer;
(...)
Tudo mais é com Deus!

Mensagem ("D. Pedro, Regente de Portugal"), Fernando Pessoa

Os deuses têm tempo para tudo.

Carta a Armando Côrtes-Rodrigues (28/6/1914), Fernando Pessoa

Às vezes sou o Deus que trago em mim
E então eu sou o Deus, e o crente e a prece.
E a imagem de marfim
Em que esse Deus se esquece.

Sem título (3/6/1913), Fernando Pessoa

Os Deuses, não os reis, são os tiranos.
É a lei do Fado, a única que oprime.

Sem título (27/5/1922), Fernando Pessoa

Não haver deus é um deus também.

Sem título (1926), Fernando Pessoa

Deus é uma sensação nossa
(porque uma ideia é uma sensação).

Carta a um editor inglês (sem data), Fernando Pessoa

Deus existe para si próprio; mas Deus está enganado.

"Tratado da negação", Raphael Baldaya

Não consentem os deuses mais que a vida.

"Odes" (17/7/1914), Ricardo Reis

Os deuses concedem
Aos seus calmos crentes
A chama da vida.

"Odes" (2/8/1914), Ricardo Reis

Os deuses são deuses
Porque não se pensam.

"Odes" (1/7/1916), Ricardo Reis

Os deuses não são
Mais que as estrelas súbitas do Fado.

"Odes" (9/10/1916), Ricardo Reis

Para os Deuses as coisas são mais coisas.
Não mais longe eles veem, mas mais claro.

"Odes" (sem data), Ricardo Reis

Dever

Ai que prazer
Não cumprir um dever.

"Liberdade", Fernando Pessoa

Dia

Oxalá a minha vida seja sempre isto
O dia cheio de sol, ou suave de chuva
Ou tempestuoso como se acabasse o Mundo.

"O guardador de rebanhos", Alberto Caeiro

No dia triste, o meu coração mais triste que o dia...
No dia triste todos os dias...
No dia tão triste...

"Nuvens", Álvaro de Campos

O dia parece um traje de viúva
Que já desbotou.

Sem título (14/11/1931), Fernando Pessoa

Leve correr dos dias sem ação,
Como a quem com saúde jaz no leito
Ou quem sempre se atrasa sem razão.

Sem título (sem data), Fernando Pessoa

Diferença

Se as coisas fossem diferentes, seriam diferentes: eis tudo.

"Poemas inconjuntos", Alberto Caeiro

Dinheiro

Tão mau é o dinheiro como o Estado, a constituição da família como as religiões.

"O banqueiro anarquista", Fernando Pessoa

Como subjugar o dinheiro, ou, em palavras mais precisas, a força, ou a tirania do dinheiro? Tornando-me livre da sua influência.

"O banqueiro anarquista", Fernando Pessoa

Dizer

Dizem?
Esquecem.
Não dizem?
Disseram.

Sem título (1926), Fernando Pessoa

Domingo

Não, não é cansaço...
É uma quantidade de desilusão,
Que se entranha na espécie de pensar,
É um domingo às avessas.

Sem título (sem data), Álvaro de Campos

Dor

Minha dor é inútil
Como uma gaiola numa terra onde não há aves.

Sem título (sem data), Álvaro de Campos

Minha dor é silenciosa e triste
Como a parte da praia onde o mar não chega.

Sem título (sem data), Álvaro de Campos

Ao pé da minha dor todas as dores me parecem falsas ou mínimas. São dores de gente feliz ou dores de gente que vive e se queixa. As minhas são de quem se encontra à parte...

Livro do desassossego, Bernardo Soares

Quem me roubou a minha dor antiga,
E só a vida me deixou por dor?

"Glosa", Fernando Pessoa

Quem quer passar além do Bojador[41]
Tem que passar além da dor.

Mensagem ("Mar Português"), Fernando Pessoa

A dor é quase divina.

Carta a Teixeira de Pascoaes (5/1/1914), Fernando Pessoa

O que me dói não é
O que há no coração
Mas essas coisas lindas
Que nunca existirão...

Sem título (5/9/1933), Fernando Pessoa

---

41 O *Cabo Bojador*, limite ocidental da África (e do medo), foi ultrapassado em 1434 por Gil Eanes, após 12 anos de tentativas trágicas na busca de uma rota marítima para as Índias.

Senhor, já que a dor é nossa
E a fraqueza que ela tem,
Dá-nos ao menos a força
De a não mostrar a ninguém!

Sem título (sem data), Fernando Pessoa

Dormir

Não durmo, nem espero dormir.[42]
Nem na morte espero dormir.

"Insônia", Álvaro de Campos

Que é feito de tudo?
Que fiz eu de mim?
Deixa-me dormir,
Dormir a sorrir
E seja isto o fim.

Sem título (4/11/1914), Fernando Pessoa

42 Pessoa tinha uma insônia permanente. Dormia tarde e acordava bem cedo.

E

Egoísmo

Louvado seja Deus que não sou bom,
E tenho o egoísmo natural das flores
E dos rios que seguem o seu caminho.

"O guardador de rebanhos", Alberto Caeiro

Eleição

O eleitor não escolhe o que quer; escolhe entre isto
e aquilo que lhe dão, o que é diferente.

"A crise europeia e o futuro império de Israel", Álvaro de Campos

Entusiasmo

Guardo ainda, como um pasmo
Em que a infância sobrevive,
Metade do entusiasmo
Que tenho porque já tive.

"Vendaval", Fernando Pessoa

Envelhecer

Envelhecer de todo não me dói
Mas apavora.

"Primeiro Fausto", Fernando Pessoa

Tenho trinta e oito anos e sinto-me mais novo cada ano, porque todos os anos estou mais próximo de nunca ter realizado coisa alguma na vida. A realização envelhece-nos.

Rascunho de carta ao diretor da revista *Answers*, Fernando Pessoa

Erros

Como sapos, saltamos e erramos.

Sem título (sem data), Fernando Pessoa

Erudição

A simples erudição é, de sua natureza, parasitária.

Sem título (1926, *Revista de Comércio e Contabilidade*), Fernando Pessoa

Escravatura

A escravatura é lógica e legítima.[43]

"Sobre Portugal", Fernando Pessoa

Quem nos diz que a escravatura não seja uma lei natural da vida das sociedades sãs?

Sem título (1926, *Revista de Comércio e Contabilidade*), Fernando Pessoa

---

43 A Província de Natal (na hoje África do Sul), onde viveu Pessoa em criança, tinha 400 mil nativos negros e 80 mil indianos. Além de 40 mil ingleses e bôeres (colonos da África Meridional, de origem holandesa), que desde 1899 lutavam por sua independência — em comum tendo apenas um ódio recíproco e tratar aqueles negros como escravos. A escravatura fazia parte daquela cultura. A África que Pessoa conheceu, naquele tempo, era branca.

Ninguém ainda provou que a abolição da escravatura fosse um bem social.

Sem título (1926, *Revista de Comércio e Contabilidade*),
Fernando Pessoa

Escrever

Escrevo rangendo os dentes.

"Ode triunfal", Álvaro de Campos

Escrevo embalando-me, como uma mãe louca
a um filho morto.[44]

Livro do desassossego, Bernardo Soares

Escrever é esquecer.

Livro do desassossego, Bernardo Soares

Escrevo porque esse é o fim, o requinte supremo.

Livro do desassossego ("Grandes trechos"), Bernardo Soares

Escrevo em meio
Do que não está ao pé
Livre do meu enleio,
Sério do que não é.
Sentir? Sinta quem lê!

"Isto", Fernando Pessoa

Para que escrevo? É uma pura perda.

"Carnaval", Fernando Pessoa

44 A imagem é repetida em vários outros textos de Pessoa. Como "Episódios /A Múmia", em que diz: "Quanto à mãe que embala ao colo um filho morto/ Todos nós embalamos um filho morto".

Escrúpulo

O escrúpulo é a morte da ação.

Nota solta (sem data), Barão de Teive

Especialista

Um especialista é um homem que sabe qualquer coisa de uma coisa e nada de todas as coisas.

Nota solta (sem data), Álvaro de Campos

O especialista é útil apenas quando a sua especialidade é tão restrita que não tem importância.

Nota solta (sem data), Álvaro de Campos

O especialista é um homem que tem a opinião dos outros, embora sobre um só assunto.

Nota solta (sem data), Álvaro de Campos

O especialista é incapaz de iniciativa. Por isso os especialistas são muitos e felizes.

Nota solta (sem data), Álvaro de Campos

Espelho

Partiu-se o espelho mágico em que me revia idêntico
E em cada fragmento fatídico vejo só um bocado de mim —
Um bocado de ti e de mim!...

"Lisbon revisited" (1926), Álvaro de Campos

O criador do espelho envenenou a alma humana.

Livro do desassossego, Bernardo Soares

O homem não deve poder ver a sua própria cara. A Natureza deu-lhe o dom de não a poder ver. Só na água dos rios e dos lagos ele podia fitar seu rosto. E a postura que tinha de tomar era simbólica. Tinha de se curvar, de se baixar para cometer a ignomínia de se ver.

Livro do desassossego, Bernardo Soares

Sinto-me múltiplo. Sou como um quarto com inúmeros espelhos fantásticos que torcem para reflexões falsas uma única anterior realidade que não está em nenhuma e está em todas.

"Consciência da pluralidade", Fernando Pessoa

Esperança

Quando vim a ter esperanças, já não sabia ter esperanças.

"Aniversário", Álvaro de Campos

Leva não só as lembranças,
Mas as mortas esperanças.

"O andaime", Fernando Pessoa

Esperar

A sua voz era baça e trêmula, como a das criaturas que não esperam nada, porque é perfeitamente inútil esperar.

Prefácio do *Livro do desassossego*, Fernando Pessoa

Por que
Esperar?
— Tudo é
Sonhar.

Sem título (1926), Fernando Pessoa

Estadista

Saber iludir-se bem é a primeira qualidade do estadista.

Livro do desassossego, Bernardo Soares

Estado

De todas as coisas *organizadas* é o Estado, em qualquer parte ou época, a mais mal organizada de todas.

"Régie, Monopólio, Liberdade", Fernando Pessoa

Quanto mais o Estado intervém na vida espontânea da sociedade, mais risco há de a estar prejudicando.

"Régie, Monopólio, Liberdade", Fernando Pessoa

A administração de Estado é o pior de todos os sistemas imagináveis.

"Régie, Monopólio, Liberdade", Fernando Pessoa

A administração de Estado só é admissível quando é inevitável.

"Régie, Monopólio, Liberdade", Fernando Pessoa

Estados Unidos

Estados Unidos da América, síntese-bastardia da baixa-Europa, alho da açorda transatlântica, pronúncia nasal do modernismo inestético!

Ultimatum, Álvaro de Campos

Estrada

Quem dera que eu fosse o pó da estrada
E que os pés dos pobres me estivessem pisando...
Antes isso que ser o que atravessa a vida
Olhando para trás de si e tendo pena.

"O guardador de rebanhos", Alberto Caeiro

Por mais longe que a poeira
Possa ir
Cai sempre.
A poeira é sempre da estrada.

Sem título (27/5/1909), Fernando Pessoa

Estrangeiro

Somos estrangeiros
Onde quer que estejamos.[45]

"Odes" (9/6/1932), Ricardo Reis

Estrelas

Escravos cardíacos das estrelas,
Conquistamos todo o mundo antes de nos levantar da cama.

"Tabacaria", Álvaro de Campos

45 Pessoa era estrangeiro na África, onde viveu dos 7 aos 17 anos; e também em Lisboa, para onde voltou depois, sem sua família — e onde então não conhecia mais ninguém, salvo alguns poucos familiares.

Estudar

Estudar é uma coisa em que está indistinta
A distinção entre nada e coisa nenhuma.

"Liberdade", Fernando Pessoa

Estupidez

A estupidez humana é grande, e a bondade humana
não é notável.

"Os heterônimos e os graus de lirismo", Fernando Pessoa

Estupidez, o teu nome é Felicidade.

"Regras de vida", Fernando Pessoa

Exemplo

Vou definir isto da maneira em que se definem as coisas indefiníveis — pela covardia do exemplo.

"Notas para a recordação do meu Mestre Caeiro",
Álvaro de Campos

Exílio

Tenho a impressão de que vivo nesta pátria informe chamada o universo. Então desce em mim, surdamente, lentamente, a saudade antecipada do exílio impossível.

Livro do desassossego, Bernardo Soares

Quantas vezes, despertando de mim, não entrevejo, do exílio que sou, quanto fora melhor ser o ninguém de todos, o feliz que tem ao menos a amargura real, o contente que tem cansaço em vez de tédio, que sofre em vez de supor que sofre, que se mata, sim, em vez de se morrer!

Livro do desassossego, Bernardo Soares

Existência

Existir é não se deixar matar.

"A influência da engenharia nas artes nacionais", Fernando Pessoa

O íntimo, horroroso, desolado,
Verdadeiro mistério da existência
Consiste em haver esse mistério.

"Primeiro Fausto", Fernando Pessoa

Explicação

Eu nunca dou explicações que se possam prever; se assim fosse, valer-me-ia a pena dá-las?

"Textos suplementares", Fernando Pessoa

Isso não é uma desculpa; mas, ao menos, é uma explicação.

Carta à mãe, dona Maria Madalena Pinheiro Nogueira (20/12/1917), Fernando Pessoa

Não se diga que *os fatos* provam o contrário. Os fatos provam o que quer o raciocinador.

Sem título (1926, *Revista de Comércio e Contabilidade*), Fernando Pessoa

F

Falar

Não se deve falar demasiado.
Quando falo demais começo a separar-me de mim e a ouvir-me falar.

"O marinheiro", Fernando Pessoa

Falhar

Falhei em tudo, mas sem galhardias,
Nada fui, nada ousei e nada fiz.

Sem título (2/7/1931), Fernando Pessoa

Fama

A fama é para as atrizes e para os produtos farmacêuticos.

Ultimatum, Álvaro de Campos

Fantasmas

Os fantasmas dos meus mortos eus
Fazem parte de minha carne agora.

"The mad fiddler", Alexander Search

Fazer

Fiz de mim o que não soube
E o que podia fazer de mim não o fiz.
O dominó que vesti era errado.[46]

"Tabacaria", Álvaro de Campos

Fazem?
Fatal.
Não fazem?
Igual.

Sem título (1926), Fernando Pessoa

Tudo que faço ou medito
Fica sempre na metade.[47]
Querendo, quero o infinito.
Fazendo, nada é verdade.

Sem título (13/9/1933), Fernando Pessoa

Fé, esperança e caridade

A fé, para quem crê é ter; a esperança, para quem desejar é possuir; a caridade, para quem dar é receber.

Livro do desassossego, Bernardo Soares

---

46 *Dominó* é um traje usado nos carnavais portugueses, formado por túnica quadriculada e capuz.

47 Referência às muitas empresas que criou e logo encerrou: Empresa Íbis, Tipografia e Editora, Oficinas a Vapor; F. A. Pessoa Ltd., F. N. Pessoa, Editora Olisipo. Seus muitos projetos editoriais. As revistas que criou e não tiveram sequência: *Orpheu*, *Athena* e *Revista de Comércio e Contabilidade*. Os inventos (com os quais esperava ficar rico) que patenteou e abandonou — entre os quais *Novo carreto de máquina de escrever* (um precursor das esferas das máquinas elétricas); *Death of the envelope* (um precursor das cartas-envelopes, como as dos Correios); *Anuário ou indicador sintético por nome e outras quaisquer classificações* (um antecessor do Windows) e *Jogo de futebol de mesa* (totó, pebolim).

Longe da fé no outro mundo, viu a morte chegar sem esperar nela a vida, viu a vida passar sem que esperasse vida melhor.

Livro do desassossego ("Grandes trechos"), Bernardo Soares

É isso mesmo que eu quis...
Perdi a fé e o caminho...
Quem não fui é que é feliz.

Sem título (9/11/1928), Fernando Pessoa

A glória concede e nega; não tem verdades a fé.

Sem título (10/8/1929), Fernando Pessoa

Eu amo tudo o que foi,
Tudo o que já não é,
A dor que já me não dói,
A antiga e errônea fé.

Sem título (1931), Fernando Pessoa

Felicidade

Se eu casasse com a filha da minha lavadeira[48]
Talvez fosse feliz.

"Tabacaria", Álvaro de Campos

48 Esta lavadeira se chamava Irene; e sua filha, Guiomar. Pessoa chegou mesmo a pensar em casamento com Guiomar, entre as duas fases de sua relação com Ophelia Queiroz. Essa paixão, secreta, explica uma história divertida; que começa quando o amigo Thomas d'Almeida lhe pede que registre sua filha — indicando, como nome que deveria ter, *Múcia Leonor*; sendo o registro feito, por Pessoa, com o nome de *Múcia Guiomar d'Almeida*. Mesmo nome daquela tardia Guiomar que quase mudara sua vida. Antes, em 1916, os espíritos dos heterônimos More e Wardour, com quem se comunicava, já haviam sugerido que a mulher por quem se apaixonaria seria uma governanta — descrição muito mais próxima dessa Guiomar que de Ophelia. E, em *A educação do estoico*, confessa: "Tive um dia a ocasião de casar, porventura ser feliz, com uma rapariga muito simples, mas entre mim e ela ergueram-se-me na indecisão da alma quatorze gerações de barões." A referência a *barões* se explica por ser o texto assinado pelo heterônimo Barão de Teive.

Ah, a opressão de tudo isto!
Oprime como ser feliz!

"Vilegiatura", Álvaro de Campos

Para se ser feliz é preciso saber-se que se é feliz.

Livro do desassossego, Bernardo Soares

Irrita-me a felicidade de todos estes homens
que não sabem que são infelizes.

Livro do desassossego, Bernardo Soares

Triste de quem é feliz!

Mensagem ("O Quinto Império"), Fernando Pessoa

O único homem feliz é o que não toma nada a sério.

"Regras de vida", Fernando Pessoa

Não sei se era feliz. Já não tornarei a ser aquilo que,
talvez, eu nunca fosse.

Sem título (4/8/1930), Fernando Pessoa

Assim a brisa
Nos ramos diz
Sem o saber
Uma imprecisa
Coisa feliz.

Sem título (1934), Fernando Pessoa

Não me traz felicidade;
Porque, enfim, sempre haverá
Sol ou sombra na cidade
Mas em mim não sei o que há.

Sem título (sem data), Fernando Pessoa

Feridas

Trago comigo as feridas de todas as batalhas que evitei.

Livro do desassossego, Bernardo Soares

Filho

Quanto à mãe que embala ao colo um filho morto —
Todos nós embalamos ao colo um morto.

"Episódios /A múmia", Fernando Pessoa

Filho único, a mãe lhe dera
Um nome e o mantivera:
"O menino da sua mãe".[49]

"O menino de sua mãe", Fernando Pessoa

Filosofia

Filósofos são homens doidos.

"O guardador de rebanhos", Alberto Caeiro

Com filosofia não há árvores; há ideias apenas
E um sonho do que se poderia ver se a janela se abrisse
Que nunca é o que se vê quando se abre a janela.

"Poemas inconjuntos", Alberto Caeiro

49 O poema foi escrito em 1926, pouco depois da morte da mãe de Pessoa. Inspirado, assim Pessoa confessa a Carlos Queiroz, em litografia na parede de uma pensão em que jantou, na qual estava a figura de um jovem soldado morto. Só que o morto, nos versos, não é aquele soldado. Mas o próprio Pessoa. Como, entre outros, se vê nos versos *Filho único, a mãe lhe dera/ Um nome e o mantivera*. Porque Pessoa, filho único depois da morte do irmão Jorge, manteve o próprio nome. Recriminando assim a mãe que, com um segundo casamento, abandonara seu sobrenome anterior para incorporar o Rosa do novo marido.

Fim

Deixa-me dormir,[50]
Dormir a sorrir
E seja isto o fim.

"Poemas inconjuntos", Alberto Caeiro

O fim é ao menos o já não haver que esperar.

Sem título (22/8/1935), Álvaro de Campos

E eu fito o meu Fim que me olha, tristonho,
Do convés do Barco todos os barcos.

"Canção", Fernando Pessoa

Não me compreendo nem no que, compreendendo, faço,
Não atinjo o fim ao que faço pensando num fim.

Sem título (5/6/1917), Fernando Pessoa

Fingir

Dizem que finjo[51] ou minto
Tudo que escrevo. Não,
Eu simplesmente sinto
Com a imaginação.
Não uso o coração.

"Isto", Fernando Pessoa

Fingir é conhecer-se.

"Reflexões", Fernando Pessoa

---

50 Pessoa tinha uma insônia permanente e usava as madrugadas para escrever. Como dizia, "não durmo nem espero dormir. Nem na morte espero dormir".

51 *Fingir* tem talvez, aqui, o sentido de construir — como veremos melhor no verbete Poesia (Poeta) ("O Poeta é um fingidor").

Flores

Flores, se sentissem, não eram flores,
Eram gente.

"O guardador de rebanhos", Alberto Caeiro

Fotografia

Num meio-dia de fim de primavera
Tive um sonho com uma fotografia.[52]
Vi Jesus Cristo descer à terra.

"O guardador de rebanhos", Alberto Caeiro

É como se encontrasse um retrato antigo, sem dúvida meu, indiscutivelmente meu, pavorosamente meu.

Livro do desassossego, Bernardo Soares

Em flagrante delitro.[53]

Dedicatória em fotografia (9/1929), Fernando Pessoa

Frustração

Um tipo frustrado é um homem demasiado inteligente para ser um homem meramente inteligente e não bastante inteligente para ser um homem de talento.

"O tipo frustrado e o tipo imperfeito", Fernando Pessoa

---

52 Pessoa não gostava de tirar fotos. A própria Ophelia Queiroz o confirma: "Sempre embirrante a tirar retratos..." (carta de 24/4/1920).

53 Dedicatória a Ophelia Queiroz, em foto tirada na Adega Vale do Rio. Nela, Pessoa bebe vinho em frente a um barril de clarete. Essa mesma foto mereceu pouco antes, em 2/9/1929, outra dedicatória, ao sobrinho de Ophelia, Carlos Queiroz: "Isto sou eu no *Abel,* isto é, próximo já do paraíso terrestre, aliás perdido." Esse *Abel* era Abel Pereira da Fonseca, proprietário do estabelecimento.

Fugir

Não tenho para onde fugir a não ser que fuja de mim.

Livro do desassossego ("Grandes trechos"), Bernardo Soares

Funcionário público

A administração do Estado sofre ainda a viciação proveniente de ser exercida por e através do tipo de indivíduo que em geral forma o funcionário público.

Sem título (1926, *Revista de Comércio e Contabilidade*), Fernando Pessoa

De um conjunto de homens, necessariamente inferiores nas suas qualidades de ação, o serviço público resulta universalmente incompetente e desleixado e, derivadamente, em sociedades eivadas de qualquer vírus corruptor, mais corrupto que qualquer outro conjunto.

Sem título (1926, *Revista de Comércio e Contabilidade*), Fernando Pessoa

Funcionários do Estado são nomeados por obscuros lances do xadrez partidário, em prêmio de serviços políticos e para que veraneiem todo o ano no seu comissariado.

Sem título (1926, *Revista de Comércio e Contabilidade*), Fernando Pessoa

São nomeados para não fazer nada, e é efetivamente o que fazem. Deles, pois, é o Reino dos Céus... Deixemo-los e volvamos à terra.

Sem título (1926, *Revista de Comércio e Contabilidade*), Fernando Pessoa

Futuro

Outra folha minha atira no Ocidente
Onde arde ao rubro tudo o que talvez seja o Futuro
Que eu sem conhecer adoro.

"Dois excertos de odes", Álvaro de Campos

Penso às vezes, com um deleite triste, que se um dia, num futuro a que eu já não pertença, estas frases, que escrevo, durarem com louvor, eu terei enfim a gente que me *compreenda*, os meus, a família verdadeira para nela nascer e ser amado.

Livro do desassossego, Bernardo Soares

Aos olhos do presente, o Futuro o escreveu
No Destino Essencial que fez meu ser ser eu.

"Eu sou o disfarçado, a máscara insuspeita", Fernando Pessoa

O futuro é já presente
Na visão de quem sabe ver.

Mensagem ("O Quinto Império"), Fernando Pessoa

É difícil distinguir se o nosso passado é que é o nosso futuro, ou se o nosso futuro é que é o nosso passado.

"Sobre Portugal", Fernando Pessoa

G

Gato

Gato que me fitas com olhos de vida,[54] que tens lá no fundo?

"Magnificat", Álvaro de Campos

Gato que brincas na rua
Como se fosse na cama,
Invejo a sorte que é tua
Porque nem sorte se chama.

Sem título (1/1931), Fernando Pessoa

Gênio

Gênio? Neste momento
Cem mil cérebros se concebem em sonho gênios como eu,
E a história não marcará, quem sabe?, nem um.

"Tabacaria", Álvaro de Campos

54 Referência a um "gato meigo" que havia na Casa Vásquez — armazém de tecidos em que trabalhava, como ajudante de guarda-livros, o heterônimo Bernardo Soares. Esse escritório, no mundo real, é a Casa Moitinho de Almeida, onde Pessoa traduzia correspondências estrangeiras. A inspiração para esses versos talvez lhe tenha vindo de um poema de Apollinaire, "Le Chat" (O gato), que diz assim: *Eu quero em minha casa/ Uma mulher sensata/ Um gato que passa entre os livros/ Amigos para o que der e vier/ Sem os quais eu não posso viver.* Ou, mais provavelmente, de "Os dois gatos", em que Bocage fala de um *gato vil e pobre,* findando com estes versos: *Abate, pois, esse orgulho,/ Intratável criatura:/ Não tens mais nobreza que eu;/ O que tens é mais ventura.*

Estarei internado num asilo[55] de mendicidade, feliz da derrota inteira, misturado com a ralé dos que se julgaram gênios e não foram mais que mendigos com sonhos.

Livro do desassossego, Bernardo Soares

O gênio, o crime e a loucura provêm, por igual, de uma anormalidade, e representam, de diferentes maneiras, uma inadaptação ao meio.

"A imoralidade das biografias", Fernando Pessoa

Tem-se dito que o gênio é loucura. Pelo contrário, creio que a loucura é o gênio.

"A porta", Fernando Pessoa

O gênio é a insanidade tornada sã.

"Gênio e gênios", Fernando Pessoa

Os Deuses são amigos do herói, compadecem-se do santo; só ao gênio, porém, é que verdadeiramente amam.

"Mário de Sá-Carneiro", Fernando Pessoa

Quanto mais nobre o gênio, menos nobre o destino.

"O destino do gênio", Fernando Pessoa

Um gênio antipatriota é um fenômeno, não direi vulgar, mas aceitável. Um operário antipatriota é simplesmente uma besta.

"Reflexões sobre o homem de gênio", Fernando Pessoa

---

55 Pessoa, toda a vida, teve medo de enlouquecer. E de findar seus dias num asilo, como a avó Dionísia.

Um homem de grande gênio não sacrifica o seu gênio a considerações monetárias; porém com mais facilidade morre de fome que quando viveria na dependência dos fidalgos e dos reis.

Carta a José Pacheco (sem data), Fernando Pessoa

Esta espécie de loucura
Que é pouco chamar talento
E que brilha em mim, na escura
Confusão do pensamento.

Sem título (sem data), Fernando Pessoa

Geração

Pertenço a uma geração — ou antes a uma parte de geração — que perdeu todo o respeito pelo passado e toda a crença ou esperança no futuro. Vivemos por isso do presente com a gana e a fome de quem não tem outra causa.

Livro do desassossego, Bernardo Soares

Glória

Compra-se a glória com desgraça.

Mensagem ("O das Quinas"), Fernando Pessoa

Talvez a glória saiba a morte e a inutilidade, e o triunfo cheire a podridão.

Carta à mãe, dona Maria Madalena Pinheiro Nogueira (5/6/1914), Fernando Pessoa

A glória pesa como um fardo rico.

"Odes" (1/6/1916), Ricardo Reis

Governo

Há só três bases de governo — a força, a autoridade e a opinião: sem força não se pode governar, sem opinião não se pode durar, sem autoridade não se pode obter opinião.

"O Interegno, defesa e justificação da ditadura militar em Portugal", Fernando Pessoa

Gozar

Gozo sonhado é gozo, ainda que em sonho.

"Odes" (30/1/1927) Ricardo Reis

Graça

Tu és Maria da Graça
Mas a que graça é que vem
Ser essa graça a desgraça
De quem a graça não tem?

"Quadras ao gosto popular", Fernando Pessoa

Gramática

O ter tocado nos pés de Cristo não é desculpa para defeitos de pontuação.[56]

Livro do desassossego, Bernardo Soares

---

56 Referência a seu maior amigo, Mário de Sá-Carneiro, que não observava as regras da escrita. Em carta a Pessoa, disse: "Quanto à ortografia, é possível que haja algum disparate — algum. O por U, C por SS. Se assim for, emende." Como Pessoa confessou a Gaspar Simões, "O Sá-Carneiro... pede às vezes que lhe emendasse a ortografia."

Grandeza

Nada nasce de grande que não nasça maldito, nem cresce de nobre que se não definhe, crescendo.

"Mário de Sá-Carneiro", Fernando Pessoa

Gravata

Deixa-me tirar a gravata e desabotoar o colarinho.
Não se pode ter muita energia com a civilização à roda do pescoço...

"Saudação a Walt Whitman", Álvaro de Campos

Guerra

Tudo misturado, tudo misturado com corpos, com sangues,
Tudo um só rio, uma só onda, um só arrastado horror.[57]

"Ode marcial", Álvaro de Campos

Há só um processo de transformar afetivamente uma nação inteira, aproximando, ao mesmo tempo, as classes desunidas e fortalecendo o patriotismo. Esse remédio é a guerra — uma guerra qualquer, preferivelmente justa.

"Como organizar Portugal", Fernando Pessoa

57 Pessoa se pronunciou na Primeira Grande Guerra, em texto do heterônimo Henry More, a favor da Alemanha. Por não ver "outro caminho aberto como individualismo disciplinado que o domínio da Europa por um povo forte esmagado".

H

Harém

Quantos têm um harém verdadeiro? Essa seria uma aplicação interessante para a vossa riqueza.[58]

Sem título (sem data), Fernando Pessoa

Herói

O herói é um homem como todos, a quem coube por sorte o auxílio divino.

"Mário de Sá-Carneiro", Fernando Pessoa

No herói, no santo e no gênio os Deuses se lembram dos homens.

"Mário de Sá-Carneiro", Fernando Pessoa

História

Nada em nós resta do que é nossa história
Salvo a memória inútil da memória.

Sem título (7/4/1917), Fernando Pessoa

---

58 Só para constar: Pessoa jamais deitou com uma mulher.

Hoje

Cada rosto, ainda que seja o de quem vimos ontem, é outro hoje, pois que hoje não é ontem. Cada dia é o dia que é, e nunca houve outro igual no mundo. Só em nossa alma está a identidade pela qual tudo se assemelha e se simplifica.

Livro do desassossego, Bernardo Soares

Todo o hoje tem um amanhã.

"Últimas palavras", Fernando Pessoa

Homem

Onde estão os antigos, as forças, os homens, os guias, os guardas?
Vão aos cemitérios, que hoje são só nomes nas lápides!

Ultimatum, Álvaro de Campos

O homem e a hora são um só.

Mensagem ("D. João, o Primeiro"), Fernando Pessoa

O esforço é grande e o homem é pequeno.

Mensagem ("Padrão"), Fernando Pessoa

Só o princípio e o fim de qualquer coisa perdida é o que fica de qualquer poeta, ou de qualquer homem.

"O homem de Porlock", Fernando Pessoa

O homem supõe que é um animal racional. Pode ser que o seja e pode ser que não o seja. São os instintos, os hábitos, os sentimentos e as emoções que verdadeiramente guiam o homem.

"Os preceitos práticos em geral e os de Henry Ford em particular", Fernando Pessoa

O característico principal do homem que nasceu para mandar é que sabe mandar em si mesmo. O característico distintivo do homem que nasceu para obedecer é que sabe mandar só nos outros, sabendo obedecer também. O homem que não nasceu nem para uma coisa nem para outra distingue-se por saber mandar nos outros mas não saber obedecer.

"Três categorias de homens", Fernando Pessoa

Os homens dividem-se, na vida prática, em três categorias — os que nasceram para mandar, os que nasceram para obedecer, e os que não nasceram nem para uma coisa nem para outra.

"Três categorias de homens", Fernando Pessoa

Homem, Mulher — dois inimigos,
Eternamente em falsa paz
Prazeres mútuos e perigos.

Sem título (8/12/1909), Fernando Pessoa

Cada homem é, ao mesmo tempo, um ente individual e, um ente social. Como indivíduo, distingue-se de todos os outros homens; e, porque se distingue, opõe-se-lhes. Como sociável, parece-se com todos os outros homens; e, porque se parece, agrega-se-lhes.

Sem título (1926, *Revista de Comércio e Contabilidade*), Fernando Pessoa

Um homem normal tem três desejos na vida: prazer, paz e poder.

Sem título (sem data), Fernando Pessoa

Homossexualismo

Vontade de ganir, de saltar,
De ser a cadela de todos os cães e eles não bastam.

"Saudação a Walt Whitman", Álvaro de Campos[59]

Olha, Daisy; quando eu morrer tu hás de
dizer aos meus amigos aí de Londres,
embora não o sintas, que tu escondes
a grande dor de minha morte.
Contar àquele pobre rapazito
que me deu tantas horas tão felizes,
Embora não o saibas, que morri...

"Soneto já antigo", Álvaro de Campos

Honestidade

Aproveitar o tempo!
O trabalho honesto e superior...
Mas é tão difícil ser honesto ou superior!

"Apostila", Álvaro de Campos

Hora

Não sei a hora, mas sei que há a hora,
Demore-a Deus, chame-lhe a alma embora
Mistério.

Mensagem ("A última nau"), Fernando Pessoa

---

59 O heterônimo Álvaro de Campos, nos textos dos primeiros anos, escrevia como um homossexual.

Foram belas essas horas tristes.

Carta a Ronald de Carvalho (29/2/1915), Fernando Pessoa

Façamos desta hora um resumo
Do que não poderemos ter.

Sem título (12/9/1935), Fernando Pessoa

Tenho esta hora e o ócio que está nela.
Levem o mundo: deixem-me o momento!

Sem título (12/9/1935), Fernando Pessoa

Hospital

A vida é um hospital
Onde quase tudo falta.
Por isso ninguém se cura
E morrer é que é ter alta.

"Quadras ao gosto popular", Fernando Pessoa

Humanidade

A humanidade é uma revolta de escravos.

"Poemas inconjuntos", Alberto Caeiro

A humanidade é um governo usurpado pelo povo.
Existe porque usurpou, mas erra porque usurpar é não ter direito.

"Poemas inconjuntos", Alberto Caeiro

Sou hoje o ponto de reunião de uma pequena humanidade só minha.

"A gênese dos heterônimos", Fernando Pessoa

A humanidade, sem dúvida, é a mesma em toda a parte.
Sucede, porém, que em toda a parte é diferente.

Sem título (1926, *Revista de Comércio e Contabilidade*), Fernando Pessoa

Humildade

Senhor, meu passo está no Limiar
Da Tua Porta.
Faze-me humilde ante o que eu vou legar...

"Prefácio — Prece", Fernando Pessoa

I

Ideias

Senhora Gertrudes!
Limpou mal este quarto:
Tire-me essas ideias de aqui!

"Trapo", Fernando Pessoa

Assim como há modas no vestuário, assim as há nas ideias.

Sem título (1926, *Revista de Comércio e Contabilidade*), Fernando Pessoa

Idealismo

Sou vil, sou reles, como toda a gente,
Não tenho ideais, mas não os tem ninguém

"Barrow-On-Furness", Álvaro de Campos

Há sem dúvida quem ame o infinito
Há sem dúvida quem deseje o impossível
Há sem dúvida quem não queira nada
Três tipos de idealistas, e eu nenhum deles.

Sem título (9/10/1934), Álvaro de Campos

Igualdade

Nem todos podem ser iguais perante a Natureza: uns nascem altos, outros baixos, uns fortes, outros fracos, uns mais inteligentes, outros menos... Mas todos podem ser iguais daí em diante.

"O banqueiro anarquista", Fernando Pessoa

Ilusão

Fôssemos nós como devíamos ser
E não haveria em nós necessidade de ilusão.

"O guardador de rebanhos", Alberto Caeiro

O cansaço de todas as ilusões e de tudo que há nas ilusões — a perda delas, a inutilidade de as ter, o antecansaço de ter que as ter para perdê-las, a mágoa de as ter tido, a vergonha intelectual de ter tido sabendo que teriam tal fim.

Livro do desassossego, Bernardo Soares

Gastei tudo que não tinha.
Sou mais velho do que sou.
A ilusão que me mantinha,
Só no palco era rainha:
Despiu-se, e o reino acabou.

"O andaime", Fernando Pessoa

A ilusão é mãe da vida.

"Primeiro Fausto", Fernando Pessoa

Põe a tua mão
Sobre o meu cabelo...
Tudo é ilusão.
Sonhar é sabê-lo.

Sem título (15/12/1912), Fernando Pessoa

Pensar, sentir, querer são ilusões; mas ter consciência não é uma ilusão.

Sem título (sem data), Fernando Pessoa

Imaginação

Fui educado pela Imaginação,
Viajei pela mão dela sempre,
Amei, odiei, falei, pensei sempre por isso.

"Passagem das horas", Álvaro de Campos

Sinto que ficou fora do que imaginei tudo o que quis,
Que embora eu quisesse tudo, tudo me faltou.

"Passagem das horas", Álvaro de Campos

O meu mundo imaginário foi sempre o único mundo verdadeiro para mim. Nunca tive amores tão reais, tão cheios de verve, de sangue e de vida como os que tive com figuras que eu próprio criei.

Livro do desassossego, Bernardo Soares

Posso imaginar-me tudo, porque não sou nada. Se fosse alguma coisa, não poderia imaginar.

Livro do desassossego, Bernardo Soares

A imaginação nasce primitivamente da emoção, e da imaginação nasce depois a razão, como irmã.

"Estética", Fernando Pessoa

Eu simplesmente sinto
Com a imaginação.
Não uso o coração.

"Isto", Fernando Pessoa

Nada se sabe, tudo se imagina.

"Odes" (3/11/1923), Ricardo Reis

Imortalidade

Para garantir a imortalidade é melhor conservar-se fora do Paraíso.

"Epopeia e deuses mortos", Fernando Pessoa

Não haverá
Além da morte e da imortalidade
Qualquer coisa maior?

"Primeiro Fausto", Fernando Pessoa

Imparcialidade

No campo político é imoral ser imparcial; no campo estético é imoral ser parcial.

"Sensacionismo", Fernando Pessoa

Império (Imperialismo)

Todo império é uma decadência.

"Obras de Antônio Mora", Antônio Mora

O próprio processo imperialista abre sua própria cova.

"Obras de Antônio Mora", Antônio Mora

O que o imperialismo consegue é criar e organizar inimigos, organizar, digamos, de modo eficiente e hábil a sua própria dissolução.

"Obras de Antônio Mora", Antônio Mora

Para o rústico cujo campo próprio lhe é tudo, esse campo é um império. Para o César cujo império lhe ainda é pouco, esse império é um campo. O pobre possui um império; o grande possui um campo.

Livro do desassossego, Bernardo Soares

Importância

Pouco me importa
Pouco me importa o quê? Não sei: pouco me importa.

Sem título (24/10/1917), Alberto Caeiro

Imprensa

Ora porra!
Então a imprensa portuguesa é
que é a imprensa portuguesa?
Então é esta merda que temos

que beber com os olhos?
Filhos da puta! Não, que nem
há puta que os parisse.

"Manifesto", Álvaro de Campos

A leitura dos jornais, sempre penosa do ponto de ver estético, é-o frequentemente também do moral, ainda para quem tenha poucas preocupações morais.

Livro do desassossego, Bernardo Soares

Quando se diz que o jornalismo é um sacerdócio, diz-se bem, mas o sentido não é o que se atribui à frase. O jornalismo é um sacerdócio porque tem a influência religiosa dum sacerdote; não é um sacerdócio no sentido moral, pois não há, nem pode haver moral no jornalismo.

"Argumento do jornalista", Fernando Pessoa

O jornalismo, sendo literatura, dirige-se todavia ao homem imediato e ao dia que passa.

"Argumento do jornalista", Fernando Pessoa

O drama que tencionamos apresentar se chama "Os Jornalistas", que é um estudo sintético do jornalismo português, em que,... se veem apenas os doze pés dos três jornalistas que estão em quase-cena.

"Correspondência", Fernando Pessoa

Sentou-se bêbado à mesa e escreveu um fundo
Do *Times*, claro, inclassificável, lido,
Supondo (coitado!) que ia ter influência no mundo...

Santos Deus!... E talvez a tenha tido!

"The Times", Fernando Pessoa

Poucos devem orientar-se, salvo em sentido contrário, pela opinião dos meros jornalistas.

Carta a Camilo Pessanha (1915), Fernando Pessoa

Qual o papel que se distribui à imprensa? Eu nem papel de impressão lhe distribuiria.

Carta a destinatário não identificado (sem data), Fernando Pessoa

A imprensa é o meio de tornar os inferiores acessíveis a si próprios.

Carta a destinatário não identificado (sem data), Fernando Pessoa

Indiferença

Na face pálida, aquele sofrimento que nasce da indiferença que provém de ter sofrido muito.

Livro do desassossego, Alberto Caeiro

Indivíduo

Qualquer indivíduo é ao mesmo tempo indivíduo e humano: difere de todos os outros e parece-se com todos os outros.

"Apontamentos para uma estética não aristotélica", Fernando Pessoa

Infâmia

Quem me dera ouvir de alguém a voz humana
Que confessasse não um pecado, mas uma infâmia;
Que contasse, não uma violência, mas uma covardia!

"Poema em linha reta", Álvaro de Campos

Infância

Outra vez te revejo,
Cidade da minha infância pavorosamente perdida...[60]

"Lisbon revisited" (1926), Álvaro de Campos

Pobre velha casa da minha infância perdida!
Quem te diria que eu me desacolhesse tanto!

Sem título (16/6/1934), Álvaro de Campos

Deus criou-me para criança, e deixou-me sempre criança. Mas por que deixou que a Vida me batesse e me tirasse os brinquedos, e me deixasse só?

Livro do desassossego, Bernardo Soares

Infinito

Deste quarto andar sobre a cidade se pode pensar no infinito. Um infinito com armazéns embaixo, é certo, mas com estrelas ao fim.[61]

Livro do desassossego, Bernardo Soares

A ideia de infinito vinha da ideia de número. De que forma se nos apresenta a ideia de número? Sob a forma de série, começando em 1 e não acabando. Mas — e eis o ponto revelador —, *começando em 1.* Isto é o infinito numérico, *começa mas não acaba,* tem um ponto de partida mas não um de chegada.

"O vencedor do tempo", Pero Botelho

---

60 A frase evoca o retorno de Pessoa a Lisboa, cidade em que nasceu, depois de 12 anos passados na África.

61 Lembrança do apartamento em que nasceu, no Largo de São Carlos. Em que, de seu quarto, via o casario de Lisboa e os armazéns do Porto, mais o Tejo; e, por cima do teto das casas, à noite, um céu estrelado.

Injúria

Os homens são sempre mais prontos em retribuir injúrias do que favores, porque retribuir um favor é uma obrigação e retribuir uma injúria é um prazer.

"Os preceitos práticos em geral e os de Henry Ford em particular", Fernando Pessoa

Injustiça

Falou da injustiça de uns terem dinheiro,
E de outros terem fome, que não sei se é fome de comer,
Ou se é só fome da sobremesa alheia.

"Poemas inconjuntos", Alberto Caeiro

Eu nunca daria um passo para alterar
Aquilo a que chamam a injustiça do mundo.

"Poemas inconjuntos", Alberto Caeiro

Aceito a injustiça como aceito uma pedra não ser redonda,
E um sobreiro[62] não ter nascido pinheiro ou carvalho.

"Poemas inconjuntos", Alberto Caeiro

Nisto de reivindicações operárias, creio que devemos todos auxiliar, quando mais não seja para equilibrar isto... isto... (como é a frase?)... isto da *injustiça social.*

Carta a destinatário não identificado (sem data), Fernando Pessoa

62 *Sobreiro* é a árvore de onde vem a cortiça, usada nas rolhas das garrafas de vinho.

Intelectual

Assim, como criador de anarquias, me pareceu sempre o papel digno de um intelectual (dado que a inteligência desintegra e a análise estiola).

"Instabilidade", Fernando Pessoa

Inteligência

Minha inteligência tornou-se um coração cheio de pavor.

Sem título (sem data), Álvaro de Campos

Interesse

O ter interesse é secundário: o doente não percebe mais da doença que o médico, embora seja quem tem mais interesse na cura.

Sem título (1926, *Revista de Comércio e Contabilidade*), Fernando Pessoa

Inveja

Invejo a todas as pessoas o não serem eu.

Livro do desassossego, Bernardo Soares

A inveja é mãe do estímulo, como a curiosidade o é da ciência.

"Como organizar Portugal", Fernando Pessoa

Nada prejudica tanto um homem na estima dos outros quanto o senso de que ele *pode ser* melhor que eles. O desapreço, incolor como é, assume uma tonalidade de inveja. A hesitação no saber que um homem pode ser melhor que nós é tão enervante como se alguma coisa desagradável nos possa acontecer; e, assim, detestamos mais o homem que quase admiramos.

"As estéticas", Fernando Pessoa

Ironia

O homem superior difere do homem inferior, e dos animais irmãos deste, pela simples qualidade da ironia.

Livro do desassossego, Bernardo Soares

A ironia é o primeiro indício de que a consciência se tornou consciente.

Livro do desassossego, Bernardo Soares

A ironia cansa e deixa a alma nua.

Carta a José Pacheco (sem data), Fernando Pessoa

J

Janelas

Janelas do meu quarto,
Do meu quarto de um dos milhões do mundo
Que ninguém sabe quem é
(E se soubessem quem é, o que saberiam?).

"Tabacaria", Álvaro de Campos

Jardins

Sei muito bem que na infância de toda a gente houve um jardim.[63]

"Dobrada à moda do Porto", Álvaro de Campos

Julgar

Não julgues ninguém, porque não vês os motivos, mas sim os atos.

Anotação sem data, Fernando Pessoa

---

63 No caso de Pessoa, esse *jardim* a que se refere é a *Quinta Duque de Candaval*, pertencente às tias Maria e Rita, e à avó louca Dionísia. Ficava em Pedrouços, arredores de Lisboa, onde passou as férias de 1901. Pensando no quintal dessa quinta escreveu "Pedrouços", que acaba dizendo: "Em hortas e em jardins/ Meu coração anda esquecido."

Justiça

A justiça: uns faz altos
O fado, outros felizes.

"Odes" (20/11/1928), Ricardo Reis

L

Lar

A paisagem que não sei,
Vista de trás da vidraça
Do lar que nunca terei!

"Depois da feira", Fernando Pessoa

O navegante de coração sombrio
Sabe que há lares felizes porque não são dele.

"Desolation", Fernando Pessoa

Triste de quem vive em casa,
Contente com o seu lar.

Mensagem ("O Quinto Império"), Fernando Pessoa

Além da cortina é o lar,
Além da janela, o sonho.[64]

Sem título (25/12/1930), Fernando Pessoa

---

64 Referência a uma carta de Ophelia Queiroz, de 20/3/1920, em que diz: *Quando passar de carro para Benfica* (onde morava Pessoa, primeiro no Alto da Bela Vista, depois na Avenida Gomes Pereira), *olha sempre prá janela, sim? (caso possa é claro) porque às vezes posso estar à janela e eu quando estou à janela olho sempre para os carros do Benfica e alguma vez pode ser que te veja... Não custa nada.* Pessoa responde, em 18/8/1920, dizendo: "Vou passar agora pelo largo de Camões. Oxalá te veja à janela da casa de tua irmã." A última carta que Pessoa lhe dirige, encerrando a relação, é de 11/1/1930. Pouco antes de escrever esses versos.

Lealdade

Estou hoje dividido entre a lealdade que devo
À Tabacaria do outro lado da rua, como coisa real por fora,[65]
E à sensação de que tudo é sonho, como coisa real por dentro.

"Tabacaria", Álvaro de Campos

Lei

Não sabemos nada, salvo que há uma lei em tudo — lei que se manifesta alheia às nossas dores e aos nossos prazeres, além do bem e do mal.

"Uma nova crítica menos restrita do cristianismo", Antônio Mora

Sem lei nem fim.
(...)
Vibra, clarim!

"Quinto Império", Fernando Pessoa

Nenhuma lei é benéfica se ataca qualquer classe social ou restringe a sua liberdade.

Sem título (1926, *Revista de Comércio e Contabilidade*), Fernando Pessoa

Deem-me um vago amor de quanto nunca terei,
Não quero gozo nem dor, não quero vida nem lei.

Sem título (10/8/1929), Fernando Pessoa

---

65 Essa tabacaria é a *Havaneza dos Retroseiros*, que ficava na Rua dos Retroseiros, 63/65, esquina com a Rua da Prata, 65. Bem em frente ao escritório que ocupava Pessoa na Casa Moitinho de Almeida, onde foi escrito o poema.

Ah, só eu sei
Quanto dói meu coração
Sem fé nem lei.

Sem título (19/8/1932), Fernando Pessoa

Lembrar

O que foi não é nada, e lembrar é não ver.

"O guardador de rebanhos", Alberto Caeiro

Quando era criança
Vivi, sem saber,
Só para hoje ter
Aquela lembrança.

Sem título (2/10/1933), Fernando Pessoa

Lenda

Assim a lenda se escorre
A entrar na realidade.

Mensagem ("Os castelos"), Fernando Pessoa

Ler

Ler é sonhar pela mão de outrem.

Livro do desassossego, Bernardo Soares

A leitura é uma espécie de sonho escravizador. Se devo sonhar, por que não sonhar os meus próprios sonhos?

"Notas pessoais", Fernando Pessoa

Queria abrir um livro
E ver, de chofre, ali, a ciência toda...
Queria ao menos poder crer que, lendo,
No fim alguma cousa me ficava
Do essencial do mundo.

"Primeiro Fausto", Fernando Pessoa

Ler é esquecer.

Sem título (31/8/1930), Fernando Pessoa

Liberdade

Proclamem bem alto que ninguém combate pela Liberdade ou pelo Direito! Todos combatem por medo dos outros! Homens, nações, intuitos, está tudo nulo!
MERDA!

Ultimatum, Álvaro de Campos

Uns nascem escravos, outros tornam-se escravos, e a outros a escravidão é dada. O amor covarde que todos temos à liberdade é o verdadeiro sinal do peso da nossa escravidão.

Livro do desassossego, Bernardo Soares

De que serve a liberdade de pensamento a quem, por sua condição social, não pode pensar?

"A liberdade das plebes", Fernando Pessoa

Não! Só quero a liberdade!
Amor, glória, dinheiro são prisões.

"Cul de lampe", Fernando Pessoa

A liberdade, em qualquer povo, é a simples expressão da sua força espontaneamente coesiva em resistir a qualquer tirania.

"Defesa e justificação da ditadura militar em Portugal", Fernando Pessoa

Só na ilusão da liberdade
A liberdade existe.

"Odes" (30/7/1914), Ricardo Reis

E deixemo-nos crer
Na inteira liberdade
Que é a ilusão que agora
Nos torna iguais dos deuses.

"Odes" (2/8/1914), Ricardo Reis

Limite

O que não tem limite não existe.

"Posfácio", Alberto Caeiro

Literatura

A literatura é a maneira mais agradável de ignorar a vida.

Livro do desassossego, Bernardo Soares

Toda a arte é uma forma de literatura, porque toda a arte é dizer qualquer coisa.

"A literatura e as outras artes", Fernando Pessoa

A literatura, como toda a arte, é uma confissão de que a vida não basta.

"Impermanência", Fernando Pessoa

A alma é literatura
E tudo acaba em nada e verso.

Sem título (6/11/1932), Fernando Pessoa

Livros

O que de sonho jaz nas encadernações vetustas.
Nas assinaturas complicadas (ou tão simples e esguias) dos velhos livros.
Tinta remota e desbotada aqui presente para além da morte.

Sem título (17/1/1932), Álvaro de Campos

Na leitura de todos os livros, devemos seguir o autor e não querer que ele nos siga.

"Obras de Antônio Mora", Antônio Mora

Ofereço-te este livro porque sei que ele é belo,
Inútil e absurdo. Que seja teu como a tua Hora".

Livro do desassossego ("Peristilo"), Bernardo Soares

Livros são papéis pintados com tinta.

"Liberdade", Fernando Pessoa

Loucura

Graças a Deus que estou doido!
Tudo quanto dei me voltou em lixo.

Sem título (sem data), Álvaro de Campos

A loucura é que vê o estranho no mundo.

"A porta", Fernando Pessoa

Uma de minhas complicações mentais — horrivelmente inexprimível — é um temor de loucura, que ele próprio é loucura.[66]

"Dicotomia anímica", Fernando Pessoa

Sou louco e tenho por memória
Uma longínqua e infiel lembrança
De qualquer dita transitória
Que sonhei ter quando criança.

"Eu", Fernando Pessoa

Sem a loucura que é o homem
Mais que a besta sadia,
Cadáver adiado que procria?

Mensagem ("D. Sebastião, Rei de Portugal"), Fernando Pessoa

Louco, sim, louco, porque quis grandeza
Qual a Sorte a não dá
Não coube em mim minha certeza.

Mensagem ("D. Sebastião, Rei de Portugal"), Fernando Pessoa

---

66 Pessoa viveu, toda a vida, com o permanente medo de enlouquecer. E o temor dessa loucura acaba transferindo para personagens que criou, seus heterônimos. Alexander Search vive a vida temendo enlouquecer e usa frequentemente a expressão *Soul-Hell*. Nos anos 1906-1908, escreve "Flashes of madness"; e planeja reunir seus escritos em prosa sob o título "Documentos sobre a Decadência Mental". Antônio Mora é um internado na Casa de Saúde de Cascais. O Barão de Teive, conhece em "Clínica Psiquiátrica de Lisboa". Esse Barão se suicida, como os heterônimos Marcos Alves e Marino. David Merick escreve "Contos de um doido". Marvell Kisch, *Os Milhões de um Doido*. Diniz da Silva começa um poema confessando: "Sou louco". Florêncio Gomes escreve um "Tratado de Doenças Mentais". De Frederick Wyatt, diz Pessoa que "mais lhe valia ser doido". Friar Maurice é louco, embora nunca o tenha confessado. O Ex-Sargento Byng, heterônimo do heterônimo Horace James Faber, "apresentava incapacidade de raciocínio em relação às coisas comuns".

Viagem entre almas e estrelas, pela Floresta dos Pavores...
E deus, fim da estrada infinita, à espera no silêncio de sua grandeza.

Carta a Armando Côrtes-Rodrigues (19/1/1915), Fernando Pessoa

Hoje estou no fundo de uma depressão sem fundo. O absurdo da frase falará por mim.

Carta a Sá-Carneiro (14/3/1916), Fernando Pessoa

Lua

No alto céu ainda claramente azul
Já crescente nítido, ou círculo branco, ou mera luz nova que vem,
A lua começa a ser real.

"Dois excertos de odes", Álvaro de Campos

Numa noite cheia de brilhantes
Ergue-se a lua como a minha Sina.

"Opiário", Álvaro de Campos

Abomino as noites de luar... Há quem costume realmente tocar música nas noites de luar...

Livro do desassossego, Bernardo Soares

A lua (dizem os ingleses)
É azul de quando em quando.[67]

Sem título (14/11/1931), Fernando Pessoa

67 Referência à *blue moon* (lua azul), que ocorre a cada dois ou três anos, quando um mês tem duas luas cheias.

Em cada lago a lua toda
Brilha, porque alta vive.

"Odes" (14/3/1933), Ricardo Reis

Lucidez

Estou hoje lúcido, como se estivesse para morrer.

"Tabacaria", Álvaro de Campos

Sou lúcido
Nada de estéticas com coração: sou lúcido
Merda! Sou lúcido.

Sem título (sem data), Álvaro de Campos

A lucidez só deve chegar ao limiar da alma. Nas próprias antecâmaras do sentimento é proibido ser explícito.

"Reflexões paradoxais", Fernando Pessoa

Lugar

Trago dentro do meu coração,
Todos os lugares onde estive.

"Passagem das horas", Álvaro de Campos

Luva

A luva que retiraste
Deixou livre a tua mão
Foi com ela que tocaste,
Sem tocar, meu coração.

Sem título (14/6/1932), Fernando Pessoa

M

Madrugada

Ó madrugada, tardas tanto... Vem...
Vem, inutilmente,
Trazer-me outro dia igual a este, a ser seguido por outra noite igual a esta...
Vem trazer-me a alegria dessa esperança triste.

"Insônia", Álvaro de Campos

Mãe

Do quarto da velha arranquei o retrato do filho e rasguei-o.
Ela, cheia de medo, chorou e não fez nada...
Senti de repente que ela era minha mãe e pela espinha abaixo passou-me o sopro de Deus.

"Ode marcial", Álvaro de Campos

Mães, quantas de vós, olhando para vossos filhos tão vivazes, e para sua beleza celestial, não desejaram que tão pequenas e amoráveis formas pudessem ser conservadas para sempre e sem mudanças.

"Keats", Fernando Pessoa

Mal

Todo o mal do mundo vem de nos importarmos uns com os outros,
Quer para fazer bem, quer para fazer mal.
A nossa alma e o céu e a terra bastam-nos.
Querer mais é perder isto, e ser infeliz.

"O guardador de rebanhos", Alberto Caeiro

Mala

Toda a vida tenho tido que arrumar a mala.
Toda a vida, tenho ficado sentado sobre o canto das camisas empilhadas.

Sem título (4/10/1930), Álvaro de Campos

Mão

Às vezes, quando fito as minhas mãos, tenho medo de Deus...

"O marinheiro", Fernando Pessoa

Tenho a mão cansada e o espírito desconexo.

Carta a Jaime Cortesão (22/1/1913), Fernando Pessoa

A tua mão
Senti pousando
Sobre o meu braço,
E um pouco, um pouco,
No coração.

Sem título (9/5/1934), Fernando Pessoa

Mandamentos

Ver, ouvir, cheirar, gostar, apalpar — são os únicos mandamentos da lei de Deus.

"Reflexões paradoxais", Fernando Pessoa

Manhã

Ah, a frescura das manhãs em que se chega,
E a palidez das manhãs em que se parte.

"Ode marítima", Álvaro de Campos

A manhã do campo existe; a manhã da cidade promete. Uma faz viver; a outra faz pensar.

Livro do desassossego, Bernardo Soares

Mapas

E o esplendor dos mapas, caminho abstrato para a imaginação concreta.
Letras e riscos irregulares abrindo para a maravilha.

Sem título (17/1/1932), Álvaro de Campos

Máquinas de escrever

Ao lado, acompanhamento banalmente sinistro,
O tique-taque estalado das máquinas de escrever,
Que náusea de vida!

"Datilografia", Álvaro de Campos

Mar

Arroio, esse cantar, jovem e puro,
É a voz da terra ansiando pelo mar.

Mensagem ("D. Diniz"), Fernando Pessoa

Ó mar salgado, quanto do teu sal
São lágrimas de Portugal![68]

Mensagem ("Mar Português"), Fernando Pessoa

Deus ao mar o perigo e o abismo deu,
Mas nele é que espelhou o céu.

Mensagem ("Mar Português"), Fernando Pessoa

À beira-mar somos tristes quando sonhamos.

"O marinheiro", Fernando Pessoa

Só o mar das outras terras é que é belo. Aquele que nós vemos dá-nos sempre saudades daquele que não veremos nunca.

"O marinheiro", Fernando Pessoa

Braços cruzados, fita além do mar.
(...)
O limite da terra a dominar
O mar que possa haver além da terra.

Mensagem ("D. João, o Segundo"), Fernando Pessoa

---

68 Esses versos se inspiram em *Cantigas*, de Antônio Correia de Oliveira: *Ondas do mar salgado/ D'onde vos vem tanto sal?/ Vem das lágrimas choradas/ Nas praias de Portugal.*

Ouvi falar no Mar Morto
Pensei-o um mar sem porto
Um como que não lugar.

Sem título (13/6/1911), Fernando Pessoa

Mártir

Onde alguém vê um mártir, outrem verá um louco.

"Ideias estéticas", Fernando Pessoa

Máscara

Quando quis tirar a máscara[69]
Estava pegada à cara
Quando a tirei e me vi no espelho
Já tinha envelhecido.

"Tabacaria", Álvaro de Campos

Eu sou o disfarçado, a máscara insuspeita.
Entre o trivial e o vil, minha alma insatisfeita
Indescoberta passa.

"Eu sou o disfarçado, a máscara insuspeita", Fernando Pessoa

69 Referência, talvez, a *O retrato de Dorian Gray*, de Oscar Wilde. Dorian posa para um amigo pintor, Basil Hallward, e deseja poder continuar na beleza dos seus 18 anos, enquanto o retrato envelhece por ele. Dorian torna-se depois mau, com essa maldade transparecendo apenas no rosto do retrato que envelhece. Mas aqui, dada a proximidade, no poema, com verso que refere um traje de carnaval (*dominó*), é, provavelmente, alusão às mascaradas portuguesas — em que pessoas simples perguntavam nas ruas aos passantes *quem sou eu?*, e depois tiravam a máscara para mostrar o rosto.

Matemática

A ciência mais exata é a matemática, que vive na clausura das suas próprias regras e leis.

Livro do desassossego, Bernardo Soares

Mendigo

Vivi, estudei, amei, e até cri,
E hoje não há mendigo que eu não inveje só por não ser eu.

"Tabacaria", Álvaro de Campos

Menino

(Malhas que o Império tece!)
Jaz morto, e apodrece,
O menino da sua mãe.

"O menino de sua mãe", Fernando Pessoa

Mentira

Visto que talvez nem tudo seja falso, que nada nos cure do prazer de mentir.

Livro do desassossego, Bernardo Soares

A mentira absurda tem todo o encanto do perverso e o maior encanto de ser inocente.

Livro do desassossego, Bernardo Soares

Eu escrevo este livro para mentir a mim próprio.

Livro do desassossego, Bernardo Soares

Não sei o que é nem consinto
A alma que o saiba bem.
Visto da dor com que minto
Dor que a minha alma tem.

"O andaime", Fernando Pessoa

Tenho uma pena que escreve
Aquilo que eu sempre sinta.
Se é mentira, escreve leve.
Se é verdade, não tem tinta.

"Quadras ao gosto popular", Fernando Pessoa

Se tudo é mentira, a própria mentira
Não nos mentirá?

Sem título (3/9/1910), Fernando Pessoa

Mesa

A mesa posta com mais lugares, com melhores desenhos na louça, com mais copos.[70]
O aparador com muitas coisas — doces, frutas, o resto na sombra debaixo do alçado.

"Aniversário", Álvaro de Campos

70 Os versos fazem lembrar a "Consoada", escrita depois, de Manuel Bandeira: *Encontrará lavrado o campo/ A mesa posta/ Com cada coisa em seu lugar.*

Mestre

Mestre, meu mestre querido!
Coração do meu corpo intelectual e inteiro!

Sem título (15/4/1928), Álvaro de Campos

Metafísica

Há metafísica bastante em não pensar em nada.

"O guardador de rebanhos", Alberto Caeiro

Metafísica? Que metafísica têm aquelas árvores?
A de serem verdes e copadas e de terem ramos.

"O guardador de rebanhos", Alberto Caeiro

Come chocolates, pequena;[71]
Come chocolates!
Olha que não há mais metafísica no mundo senão chocolates.

"Tabacaria", Álvaro de Campos

---

71 Essa *pequena* era sua sobrinha Manuela Nogueira. Como ela própria me confessou, *a leiteria onde comprava chocolates com moedas dadas pelo Tio Fernando era aproximadamente dois prédios a seguir ao nº 16 da Rua Coelho da Rocha, talvez nº 10 ou 12. O proprietário era o Senhor Trindade, de que me lembro como se fosse hoje.* Essa leiteria ficava na Rua Silva Carvalho, 13/15, esquina com a Rua Coelho da Rocha; do mesmo lado da rua em que estava o edifício de Pessoa, a cerca de 50 metros. Podendo a sobrinha comprar os chocolates, pois, sem riscos de ter que atravessar rua nenhuma. E dito *senhor Trindade* (Júlio Trindade, que morava bem próximo, na Rua Saraiva de Carvalho, 114) não era seu proprietário, mas simples empregado. Era ele o "rechonchudo Trindade" de que falava, No *Livro do desassossego*, o heterônimo Bernardo Soares.

Metáfora

Tantas vezes me sinto real como uma metáfora.

"Passagem das horas", Álvaro de Campos

Há metáforas que são mais reais do que a gente que anda na rua.

Livro do desassossego, Bernardo Soares

Milagre

O milagre é a preguiça de Deus, ou, antes, a preguiça que lhe atribuímos, inventando o milagre.

Livro do desassossego, Bernardo Soares

Quais milagres de Lourdes, meu amigo!
Milagres da Rússia.
Curar paralisias!
Curar egoísmos, isso é que é milagre.

Sem título (sem data), Fernando Pessoa

Missa

A missa é um automóvel que passa.

"Chuva oblíqua", Fernando Pessoa

Mistério

Entre as sensações, o desassossego do mistério é uma das mais complexas e extensas.

Livro do desassossego ("Grandes trechos"), Bernardo Soares

Felizes aqueles para quem o Mistério se resume em Padre, Filho e Espírito Santo. Deles é a felicidade.

"Regras de vida", Fernando Pessoa

Mito

O mito é o nada que é tudo.

Mensagem ("Ulisses"), Fernando Pessoa

Desejo ser um criador de mitos, que é o mistério mais alto que pode cobrar alguém da humanidade.

"Um criador de mitos", Fernando Pessoa

Mocidade

Senhora das Horas que passam, Madona das águas estagnadas e das algas mortas, Deusa Tutelar dos desertos abertos e das paisagens negras de rochedos estéreis — livra-me da minha mocidade.

Livro do desassossego ("Grandes trechos"), Bernardo Soares

Momento

Sou um convalescente do Momento.

"Opiário", Álvaro de Campos

Monopólio

A tendência humana para abusar atinge economicamente o seu máximo no regime de monopólio.

"Régie, Monopólio, Liberdade", Fernando Pessoa

Moral

Para que um homem seja distintivamente e absolutamente moral, tem que ser um pouco estúpido. Para que um homem possa ser absolutamente intelectual, tem que ser um pouco imoral.

Nota solta (sem data), Barão de Teive

O preceito moral, para ser verdadeiramente preceito, nunca esquece um certo limite. O preceito moral está num ponto intermédio entre o *Sermão da montanha* e o *Manual do perfeito escroque.*

"Os preceitos práticos em geral e os de Henry Ford em particular", Fernando Pessoa

Os preceitos morais expõem o que devemos fazer para ficarmos de bem com a nossa consciência. Os preceitos racionais expõem o que devemos fazer para ficarmos de bem com a nossa vida. Os preceitos práticos expõem o que devemos fazer para ficamos de bem com as nossas ambições.

"Os preceitos práticos em geral e os de Henry Ford em particular", Fernando Pessoa

Exemplo de um preceito moral: Não faças aos outros o que não quiseres que eles te façam. Exemplo de um preceito racional: Conhece-te a ti mesmo. Exemplo de um preceito prático pouco moral: Se quiseres enganar alguém por intermédio de um enviado, engana primeiro esse enviado, porque então ele mentirá com convicção. Exemplo de um preceito pouco "sensato": Quem não deixa nada ao acaso, pouco fará mal, mas fará muito pouco.

"Os preceitos práticos em geral e os de Henry Ford em particular", Fernando Pessoa

Morfina

Ao toque adormecido da morfina
Perco-me em transparências latejantes.

"Opiário", Álvaro de Campos

Mortalhas

Tecelões da desesperança, teçamos mortalhas apenas — mortalhas brancas para os sonhos que nunca sonhamos, mortalhas negras para os dias que morremos, mortalhas cor de cinza para os gestos que apenas sonhamos, mortalhas imperiais de púrpura para as nossas sensações inúteis.

Livro do desassossego, Bernardo Soares

Morte (Morrer)

Creio que irei morrer
Mas o sentido de morrer não me move
Que vida tem a vida ou que morte a morte?

"Ficções de interlúdio", Alberto Caeiro

Quando se vai morrer, é preciso lembrar-se de que o dia morre,
E que o poente é belo e é bela a noite que fica...

"O guardador de rebanhos", Alberto Caeiro

A morte é o desprezo do Universo por nós.

"Ficções de interlúdio", Alberto Caeiro

Quando a erva crescer em cima da minha sepultura
Seja esse o sinal para me esquecerem de todo.

"Ficções de interlúdio", Alberto Caeiro

Sinto uma alegria enorme
Ao pensar que a minha morte não tem importância
nenhuma.

"Poemas inconjuntos", Alberto Caeiro

Há primeiro em todos um alívio
Da tragédia um pouco maçadora de teres morrido...
Depois a conversa aligeira-se quotidianamente,
E a vida de todos os dias retoma o seu dia...

"Lisbon revisited (1923)", Álvaro de Campos

Depois de certa altura morrerá a rua onde esteve a tabuleta
E a língua em que foram escritos os versos.

"Tabacaria", Álvaro de Campos

Não: não quero nada.
Já disse que não quero nada.
Não me venham com conclusões!
A única conclusão é morrer.

"Lisbon revisited" (1923), Álvaro de Campos

Vem, dolorosa,
Mão fresca sobre a testa em febre dos humildes
Sabor de água sobre os lábios secos dos cansados.

"Dois excertos de odes", Álvaro de Campos

Agora que estou quase na morte vejo tudo já claro.

"Ode marítima", Álvaro de Campos

Tu verdadeiramente morto, muito mais morto que calculas...
Depois a trágica retirada para o jazigo ou a cova,
E depois o princípio da morte da tua memória.

"Lisbon revisited" (1923), Álvaro de Campos

Todos têm razão, ou vida, ou ignorância simétrica.
Não sentem o que há de morte em toda a partida.
De mistério em toda a chegada,
De horrível em todo o novo...

"Nuvens", Álvaro de Campos

Adiamos tudo, até que a morte chegue
Com um cansaço antecipado de tudo.

Sem título (sem data), Álvaro de Campos

A morte de minha mãe quebrou o último dos laços externos que me ligavam ainda à sensibilidade da vida.

"Anotação", Barão de Teive

Morrer é não precisar de outrem.

Livro do desassossego, Bernardo Soares

Um dia, no fim do conhecimento das coisas, abrir-se-á a porta do fundo e tudo o que fomos — lixo de estrelas e de almas — será varrido para fora da casa.

Livro do desassossego, Bernardo Soares

Que coisa é esta a que chamamos morte? Não quero dizer o mistério da morte, que não penetro, mas a sensação física de cessar de viver.

Livro do desassossego, Bernardo Soares

Que coisa é esta que nos mede sem medida e nos mata sem ser?

Livro do desassossego, Bernardo Soares

E para ti, ó Morte, vá a nossa alma e a nossa crença, a nossa esperança e a nossa saudação! Virgem-Mãe do Mundo absurdo, forma do Caos incompreendido, alastra e estende o teu reino sobre todas as coisas, entre o erro e a ilusão da vida!

Livro do desassossego ("Grandes trechos"), Bernardo Soares

Torna-me inútil e estéril, ó Acolhedora de todos os sonhos vagos; faze-me puro sem razão para o ser, e falso sem amor a sê-lo.

Livro do desassossego ("Grandes trechos"), Bernardo Soares

Somos todos mortais, com uma duração justa. Nunca maior ou menor. Alguns morrem logo que morrem, outros vivem um pouco, na memória dos que os viram e amaram; outros ficam na memória da nação que os teve; alguns alcançam a memória da civilização que os possui; raros abrangem, de lado a lado, o lapso contrário de civilizações diferentes. Mas a todos cerca o abismo do tempo, que por fim os some.

Livro do desassossego ("Grandes trechos"), Bernardo Soares

Trazei, pajens; trazei, virgens; trazei, servos e servas, as taças, as salvas e as grinaldas para o festim a que a Morte assiste! Trazei-as e vinde de negro, com a cabeça coroada de mirtos. Vai o Rei a jantar com a Morte, no seu palácio antigo, à beira do lago, entre as montanhas, longe da vida, alheio ao mundo.

Livro do desassossego ("Grandes trechos"), Bernardo Soares

A vida é só o esperar morrer.

"Em busca da beleza", Fernando Pessoa

Morre jovem o que os Deuses amam.[72]

"Mário de Sá-Carneiro", Fernando Pessoa

Toma-me, ó noite eterna, nos teus braços
E chama-me teu filho.
Eu sou um rei
Que voluntariamente abandonei
O meu trono de sonhos e cansaços.

"Abdicação", Fernando Pessoa

Vem a noite, que é a morte.

"Iniciação", Fernando Pessoa

Sou já o morto futuro.
Só um sonho me liga a mim —
O sonho atrasado e obscuro
Do que eu devera ser — muro
Do meu deserto jardim.

"O andaime", Fernando Pessoa

Primeira Veladora: Por que é que se morre?
Segunda Veladora: Talvez por não se sonhar bastante...

"O marinheiro", Fernando Pessoa

---

72 A frase não é original. O próprio Pessoa refere ser "um preceito da sabedoria antiga". Trata-se de tradução literal de *Quem di diligunt adulescens moritu*, que remonta ao poeta grego Menandro (391 a.C.) — o mais importante autor da chamada *Nova Comédia* grega. Reaparece nas "Báguidas", de Plauto (184 a.C.) e em Terêncio (158 a.C.); no próprio século XIX, com David Gray (no poema "I die, being young)", Lord Byron (em "Don Juan") e D. H. Lawrence (em "Pansies"). Essa frase é também inspiração para um estranho mago que Pessoa depois conheceria, Aleister Crowley, na peça *Hermes*: *Foi um sábio que cantou:/ Aqueles a quem os deuses amam, amam lagostas;/ Elas morrem jovens./ Entretanto, um sábio maior disse de forma sublime/ Não olhem para a lagosta quando ela está vermelha.*

Seja a morte de mim em que revivo;
E tal qual fui, não sendo nada, eu seja!

"O último sortilégio", Fernando Pessoa

Veja eu o abismo abrir-se entre mim e a costa,
O rio entre mim e a margem,
O mar entre mim e o cais,
A morte, a morte, a morte, entre mim e a vida!

"Passagem das horas", Álvaro de Campos

Fosse eu apenas, não sei onde ou como,
Num crepúsculo de espadas.
Morrendo entre bandeiras desfraldadas
Na última tarde de um império em chamas...

"Passos da cruz", Fernando Pessoa

Não haverá
Além da morte e da imortalidade
Qualquer coisa maior? Ah, deve haver.

"Primeiro Fausto", Fernando Pessoa

Não temo a morte como qualquer coisa
Que eu veja ou ouça, mas como quem teme
Quando não sabe o que é que teme, e teme.

"Primeiro Fausto", Fernando Pessoa

Só uma coisa me apavora.
A esta hora, a toda a hora:
É que verei a morte frente a frente,
Inevitavelmente.

"Primeiro Fausto", Fernando Pessoa

Nunca supus que isto que chamam morte
Tivesse qualquer espécie de sentido...

"Sá-Carneiro", Fernando Pessoa

Morrer é continuar.

Sem título (13/5/1921), Fernando Pessoa

A morte paira como uma ave perdida.

Anotação em inglês (4/5/1922), Fernando Pessoa

Comecei a morrer muito antes de ter vivido.

Sem título (10/8/1929), Fernando Pessoa

A morte é a curva da estrada.

Sem título (23/5/1932), Fernando Pessoa

Mudar

Mudar, passar de uma coisa para ser outra, é uma morte parcial. Morre qualquer coisa de nós, e a tristeza do que morre e do que passa não pode deixar de nos roçar pela alma.

Carta à mãe, dona Maria Madalena Pinheiro
Nogueira (5/6/1914), Fernando Pessoa

Mudar é mau, é sempre mudar para pior. Sempre é perder.

Carta à mãe, dona Maria Madalena Pinheiro
Nogueira (5/6/1914), Fernando Pessoa

Mundo

O mundo não se fez para pensarmos nele
Mas para olharmos para ele e estarmos de acordo...

"O guardador de rebanhos", Alberto Caeiro

Nasci sujeito como os outros a erros e a defeitos
Nunca ao defeito de exigir do Mundo
Que fosse qualquer coisa que não fosse o Mundo.

"Poemas inconjuntos", Alberto Caeiro

O mundo é para quem nasce para o conquistar
E não para quem sonha que pode conquistá-lo, ainda que tenha razão.

"Tabacaria", Álvaro de Campos

A loucura chamada afirmar, a doença chamada crer, a infâmia chamada ser feliz — tudo isto cheira a mundo.

Livro do desassossego, Bernardo Soares

Murmúrio

Noite e dia me trazem murmúrios novos.
E dia e noite me levam murmúrios velhos.

"Sonnet", Alexander Search

Música

Só estou bem quando ouço música.[73]

"Passagem das horas", Álvaro de Campos

A música é pobre mas
Não será mais pobre a vida?

Sem título (25/3/1928), Fernando Pessoa

73 Lembranças das noites em Durban, quando o padrasto tocava flauta, acompanhando a mãe ao piano. Especialmente ficou na memória de Pessoa "Un soir à Lima", de Félix Godefroid, música sobre a qual escreveu mais de trezentos versos — no único poema em que evoca o padrasto e aquele tempo da África.

N

Nada

Nada me prende a nada
Quero cinquenta coisas ao mesmo tempo
Anseio com uma angústia de fome de carne
O que não sei que seja.

"Lisbon revisited" (1926), Álvaro de Campos

Nada! Não sei...
Um nada que dói.

Sem título (16/6/1934), Álvaro de Campos

Nascer

Sei ter o pasmo essencial
Que tem uma criança se, ao nascer,
Reparasse que nascera, deveras...

"O guardador de rebanhos", Alberto Caeiro

Sinto-me nascido a cada momento
Para a eterna novidade do Mundo...

"O guardador de rebanhos", Alberto Caeiro

Natureza

Só a Natureza é divina, e ela não é divina...[74]

"O guardador de rebanhos", Alberto Caeiro

Natureza não tem dentro,
Senão não era a Natureza.

"O guardador de rebanhos", Alberto Caeiro

A Natureza é partes sem um todo
Isto é talvez o tal mistério de que falam.

"O guardador de rebanhos", Alberto Caeiro

A Natureza é a diferença entre a alma e Deus.

Livro do desassossego, Bernardo Soares

Navegar

Diziam os argonautas que navegar é preciso, mas que viver não é preciso.[75] Argonautas, nós, da sensibilidade doentia, digamos que sentir é preciso, mas que não é preciso viver.

Livro do desassossego, Bernardo Soares

---

74 No poema "O guardador de rebanhos", há 25 citações da palavra *Natureza.*

75 Pessoa nunca escreveu a frase "Navegar é preciso, viver não é preciso". Ela é do general romano Cneu Pompeu (106-48 a.C.) — que formou, com César e Crasso, o primeiro triunvirato de Roma. Em meio a uma tempestade, e precisando levar trigo da província para Roma, com essas palavras exortou seus marinheiros a que aceitassem os riscos da viagem. As mesmas que, mais tarde, viriam a ser lema do poeta Gabriele d'Annunzio (da Liga Hanseática) e da própria Escola de Sagres — para aqueles que acreditam ter mesmo havido uma Escola de Sagres, claro. Tendo no caso, talvez, um outro sentido em que é também compreendida a sentença, no qual *preciso* quer dizer *exato.* Navegar seria então algo certo, ao contrário das intermitências da vida.

Navio

Navio que partes para longe
Por que é que, ao contrário dos outros
Não fico, depois de desapareceres, com saudades de ti?
Não é do navio, é de nós que sentimos saudade.

Sem título (29/5/1918), Alberto Caeiro

Negócio

O negócio não pertence ao patrão ou aos empregados, mas ao público.

"Os preceitos práticos em geral e os de Henry Ford em particular", Fernando Pessoa

Ninguém

Cheguei hoje, de repente, a uma sensação absurda e justa.
Reparei, num relâmpago íntimo, que não sou ninguém.
Ninguém, absolutamente ninguém.

Livro do desassossego, Bernardo Soares

Noite

Vem, noite, antiquíssima e idêntica,
Noite igual por dentro no silêncio,
No teu vestido franjado de Infinito.

"Dois excertos de odes", Álvaro de Campos

Ó noite, torna-me corpo e alma, parte do teu corpo, que eu me perca em ser mera treva e me torne noite também, sem sonhos que sejam estrelas em mim, nem sol esperado que ilumine o futuro.

Livro do desassossego, Bernardo Soares

No fundo de tudo, calada, a noite era o túmulo de Deus.

Livro do desassossego, Bernardo Soares

Contempla, da janela do meu castelo, não o luar e o mar, que são coisas belas e por isso imperfeitas; mas a noite vasta e materna, o esplendor indiviso do abismo profundo!

Livro do desassossego ("Grandes trechos"), Bernardo Soares

Toma-me, ó Noite Eterna, nos teus braços
E chama-me teu filho.

"Abdicação", Fernando Pessoa

Longe da fama e das espadas,
Alheio às turbas ele dorme.
Em torno há claustros ou arcadas?
Só a noite enorme.

"À memória do Presidente-Rei Sidónio Pais", Fernando Pessoa

Não canto a noite porque no meu canto
O sol que canto acabará em noite.

"Odes" (2/9/1925), Ricardo Reis

Nossa senhora

Nossa Senhora
Das coisas impossíveis que procuramos em vão,
Dos propósitos que nos acariciam
E que doem por sabermos que nunca os realizaremos...

"Dois excertos de odes", Álvaro de Campos

Pura só tu, Senhora dos Sonhos, que eu posso conceber amante sem conceber mácula porque és irreal.

Livro do desassossego ("Grandes trechos"), Bernardo Soares

Nuvem

Nuvens... São como eu, uma passagem desfeita entre o céu e a terra.

Livro do desassossego, Bernardo Soares

Nuvens são ficções do intervalo e do caminho, longe do ruído da terra, e sem ter o silêncio do céu.

Livro do desassossego, Bernardo Soares

O

O que poderia ter sido

Ah, quem escreverá a história do que poderia ter sido e não foi.
Será essa, se alguém a escrever,
A verdadeira história da Humanidade.

"Pecado original", Álvaro de Campos

Mas o que eu não fui, o que eu não fiz, o que nem sequer sonhei
O que só agora vejo que deveria ter feito.
O que só agora claramente vejo que poderia ter sido —
Isso é que é morto para além de todos os Deuses.

Sem título (11/5/1928), Álvaro de Campos

Se em certa altura
Tivesse voltado para a esquerda em vez de para a direita
...
Se tudo isso tivesse sido assim,
Seria outro hoje, e talvez o universo inteiro
Seria insensivelmente levado a ser outro também.

Sem título (11/5/1928), Álvaro de Campos

Aquilo que fui e nunca mais serei! Aquilo que tive e não tornarei a ter! Os mortos! Os mortos que me amaram na minha infância. Quando os evoco, toda a alma me esfria e eu sinto-me desterrado de corações, sozinho na noite de mim próprio, chorando como um mendigo o silêncio fechado de todas as portas.

Livro do desassossego, Bernardo Soares

Os sentimentos que mais doem são os que são absurdos — a ânsia de coisas impossíveis, precisamente porque são impossíveis, a saudade do que nunca houve, o desejo do que poderia ter sido, a mágoa de não ser outro, a insatisfação da existência do mundo.

Livro do desassossego, Bernardo Soares

Ah, é a saudade do outro que eu poderia ter sido que me dispersa e sobressalta.

Livro do desassossego, Bernardo Soares

Que fiz eu da vida?
Que fiz eu do que queria fazer da vida?
Que fiz do que podia ter feito da vida?

"Episódios", Fernando Pessoa

Do que poderia ter sido fica só o que é.

"O homem de Porlock", Fernando Pessoa

O ideal serve para sermos outros, mas paga-se caro — como nem sermos quem poderíamos ter sido.

"Os outros eus", Fernando Pessoa

E só me resta a ânsia indefinida
Do que poderia ter sido e não foi.

Sem título (8/8/1910), Fernando Pessoa

Mais triste do que o que acontece
É o que nunca aconteceu.

Sem título (9/6/1930), Fernando Pessoa

Há tanta coisa que, sem existir,
Existe, existe demoradamente,
Por sobre a alma o adejar inútil
Do que não foi, nem pôde ser, e é tudo.

Sem título (19/11/1935), Fernando Pessoa

Obra

Toda obra tem que ser imperfeita.

Livro do desassossego, Bernardo Soares

Fazer uma obra e reconhecê-la má depois de feita é uma das tragédias da alma. Sobretudo é grande quando se reconhece que essa obra é a melhor que se podia fazer.

Livro do desassossego, Bernardo Soares

Algumas obras duram além da civilização, cujos sentimentos expressem. Essas atingem aquela maturidade de vida que é tão mortal como os Deuses, que começam mas não acabam, como acontece com o tempo.

"Da duração das obras", Fernando Pessoa

Deus quer, o homem sonha, a obra nasce.

Mensagem ("O infante"), Fernando Pessoa

Da obra ousada, é minha a parte feita.
O por-fazer é só com Deus.

Mensagem ("Padrão"), Fernando Pessoa

Ocaso

Todos os ocasos fundiram-se na minha alma.

"Hora absurda", Fernando Pessoa

Ócio

A vida é um ócio agitado, uma fuga dentro da agitação ao movimento ordenado.

"O lazer agitado da vida moderna", Fernando Pessoa

Ódio

Ontem à tarde um homem das cidades...
Olhando para mim, viu-me lágrimas nos olhos
E sorriu com agrado, julgando que eu sentia
O ódio que ele sentia, e a compaixão
Que ele dizia que sentia.

"O guardador de rebanhos", Alberto Caeiro

O ódio é mais intermitente que o afeto.

Livro do desassossego, Bernardo Soares

Eu não tenho rancores nem ódios. Esses sentimentos pertencem àqueles que têm uma opinião, ou uma profissão ou um objetivo na vida.

"Instabilidade", Fernando Pessoa

Olhar

O meu olhar é nítido como um girassol.

"O guardador de rebanhos", Alberto Caeiro

Quem cruzou todos os mares cruzou somente a monotonia de si mesmo. Já cruzei mais mares do que todos. Já vi mais montanhas que as que há na terra.

Livro do desassossego, Bernardo Soares

De quem é o olhar
Que espreita por seus olhos?

"Episódios / A múmia", Fernando Pessoa

Não sei que flores te dar
Para os dias da semana.
Tens tanta sombra no olhar
Que o teu olhar sempre engana.

"Quadras ao gosto popular", Fernando Pessoa

Não sei com que olhos vejo,
Ou com que ouvidos ouço
Seus rostos e suas vozes
Que não vejo, mas vejo
Que não ouço, mas ouço
Que não sonho, mas sonho,
Que não sou eu, nem outro...

Sem título (17/9/1916), Fernando Pessoa

Operário

Sou mais irmão de uma árvore de que de um operário.

"Passagem das horas", Álvaro de Campos

O que é certo é que entre um operário e um macaco há menos diferença que entre um operário e um homem realmente culto.

"Regras de vida", Fernando Pessoa

Opinião

Uma criatura de nervos modernos, de inteligência sem cortinas, de sensibilidade acordada tem a obrigação cerebral de mudar de opinião e de certeza várias vezes no mesmo dia.

"Páginas de sociologia política", Fernando Pessoa

Não tenhas opiniões firmes, nem creias demasiadamente no valor de tuas opiniões.

Anotação sem data, Fernando Pessoa

Organização

Em toda a organização prática há que contar com o inesperado e indefinido da vida.

"Bases para dois projetos de construção nacional", Fernando Pessoa

Organizam-se organizações de modo a organizar também organizadores.

"Organizar" (1926, *Revista de Comércio e Contabilidade*), Fernando Pessoa

Orgulho

O orgulho é a consciência (certa ou errada) de nosso próprio mérito; a vaidade, a consciência (certa ou errada) da evidência de nosso próprio mérito para os outros. O orgulho é, em si mesmo, tímido e contrativo; a vaidade, ousada e expansiva.

"Shakespeare", Fernando Pessoa

Oriente

Outra folha de mim
Atira ao Oriente...
Ao Oriente onde — quem sabe? — Cristo talvez ainda hoje viva,
Onde Deus talvez exista realmente e mandando tudo...

"Dois excertos de odes", Álvaro de Campos

Os quatro elementos

Uns agem sobre os homens como a terra, soterrando-os e abolindo-os, e esses são os mandantes do mundo. Uns agem sobre os homens como o ar, escondendo-os uns dos outros, e esses são os mandantes do além-mundo. Uns agem sobre os homens como a água, que os converte em sua mesma substância, e esses são os ideólogos e os filósofos. Uns agem sobre os homens como o fogo, que queima neles todo o acidental, e os deixa nus e reais, e esses são os libertadores.

"Gênese e justificação da heteronímia", Fernando Pessoa

P

Pai

Pai, foste cavaleiro.
Hoje a vigília é nossa.

Mensagem ("Os castelos"), Fernando Pessoa

Palavra

A palavra contém uma ideia e uma emoção.

"Nota preliminar", Álvaro de Campos

Todas as palavras esdrúxulas,
Como os sentimentos esdrúxulos
São naturalmente
Ridículas.

Sem título (21/10/1935), Álvaro de Campos

Ponho-me em palavras vadias.

Livro do desassossego, Bernardo Soares

Cada palavra para nós é rude
E cada gesto um símbolo de insulto.

"Ó Agathos", Fernando Pessoa

A palavra é, numa só unidade, três coisas distintas — o sentido que tem, os sentidos que evoca e o ritmo que envolve esse sentido e estes sentidos.

"Da palavra", Fernando Pessoa

Quem pôs, na minha voz, mero som cavo
O milagre das palavras e da sua forma
E o milagre maior do seu sentido?

Sem título (11/9/1913), Fernando Pessoa

Palavras são ideias.

"Odes" (16/6/1932), Ricardo Reis

Pão

A tua casa não tem pão: para que te serve a tua mesa?

Livro do desassossego ("Grandes trechos"), Bernardo Soares

Parlamento

Um parlamento é tão belo como uma borboleta.

"Ode triunfal", Álvaro de Campos

Partir

Ah, seja como for, seja por onde for, partir!
Ir para Longe, ir para Fora, para a Distância abstrata,
Levado, como a poeira, pelos ventos, pelos vendavais!
Ir, ir, ir, ir de vez!

"Ode marítima", Álvaro de Campos

Assim fico, fico... Eu sou o que sempre quer partir.

"Passagem das horas", Álvaro de Campos

Partir!
Nunca voltarei.
Nunca voltarei porque nunca se volta.
O lugar a que se volta é sempre outro.
(...)
Partir! Meu Deus, partir! Tenho medo de partir!...

"Là-bas, je ne sais où...", Álvaro de Campos

Na véspera de não partir nunca
Ao menos não há que arrumar malas.

Sem título (29/9/1934), Álvaro de Campos

Passado

O passado não é senão um sonho...

"O marinheiro", Fernando Pessoa

Falar no passado — isso deve ser belo, porque é inútil e faz tanta pena...
Falemos, se quiserdes, de um passado que não tivéssemos tido.

"O marinheiro", Fernando Pessoa

No silêncio do meu coração
O cadáver do meu passado.

Sem título (1/7/1910), Fernando Pessoa

O passado ou o futuro é sempre agora.

Sem título (18/9/1914), Fernando Pessoa

O passado é o presente na lembrança.

"Odes" (26/5/1930), Ricardo Reis

Passos

Não: devagar
Devagar, porque não sei
Onde quero ir
Há entre mim e os meus passos
Uma divergência instintiva.

Sem título (30/12/1934), Álvaro de Campos

Pátria

A minha Pátria é onde não estou.

"Opiário", Álvaro de Campos

Um dia, que chovera muito, e o horizonte estava mais incerto, o marinheiro cansou-se de sonhar... Quis então recordar a sua pátria verdadeira... mas viu que não se lembrava de nada, que ela não existia para ele...

"O marinheiro", Fernando Pessoa

Como ele não tinha meio de voltar à pátria, e cada vez que se lembrava dela sofria, pôs-se a sonhar uma pátria que nunca tivesse tido; pôs-se a fazer ter sido sua uma outra pátria, uma outra espécie de país com outras espécies de paisagem, e outra gente, e outro feitio de passarem pelas ruas e de se debruçarem das janelas.

"O marinheiro", Fernando Pessoa

Pedras

Se as pedras tivessem alma, eram coisas vivas, não eram pedras.

"O guardador de rebanhos", Alberto Caeiro

Pensar (Pensamento)

Sou o guardador de rebanhos
O rebanho é os meus pensamentos.

"O guardador de rebanhos", Alberto Caeiro

Pensar incomoda como andar à chuva.

"O guardador de rebanhos", Alberto Caeiro

Pensar é não compreender...

"O guardador de rebanhos", Alberto Caeiro

Pensar é estar doente dos olhos.

"O guardador de rebanhos", Alberto Caeiro

Pensar é essencialmente errar.
Errar é essencialmente estar cego e surdo.

"Poemas inconjuntos", Alberto Caeiro

Meus pensamentos são todos sensações.
Penso com os olhos e com os ouvidos
E com as mãos e os pés
E com o nariz e a boca.

"O guardador de rebanhos", Alberto Caeiro

Penso nisto, não como quem pensa, mas como quem respira,
E olho para as flores e sorrio...

"O guardador de rebanhos", Alberto Caeiro

Foi uma coisa que Deus fez por suas mãos
E ao pecado de ter vivido
Juntou o crime de ter pensado.

"Epitaph", Alexander Search

Pensar é duvidar.

"Primeiro Fausto", Fernando Pessoa

Pensar é querer transmitir aos outros aquilo que se julga que se sente.

"Reflexões paradoxais", Fernando Pessoa

Pensar é errar.

"Reflexões paradoxais", Fernando Pessoa

Pensamos por nossa cabeça, visto que ela existe.

Sem título (1926, *Revista de Comércio e Contabilidade*), Fernando Pessoa

Saber? Que sei eu?
Pensar é descrer.

Sem título (4/11/1914), Fernando Pessoa

Pensar é nada ter.

Sem título (24/1/1933), Fernando Pessoa

Meu pensamento é um rio subterrâneo.
Para que terras vai e donde vem?

Sem título (sem data), Fernando Pessoa

Quanto é alto e régio o pensamento,
Súbita a frase o busca
E o escravo ritmo o serve.

"Odes" (sem data), Ricardo Reis

Perdão

Não haverá, enfim,
Para as coisas que são
Qualquer coisa assim
Como um perdão?

Sem título (sem data), Fernando Pessoa

Pequeneza

Nada pequeno é justo e bom.

"Quinto Império", Fernando Pessoa

Perfeição

Adoramos a perfeição, porque a não podemos ter. O perfeito é o desumano, porque o humano é imperfeito.

Livro do desassossego, Bernardo Soares

A perfeição não é a beleza, senão uma parte dela; que a fronteira não é a nação, mas o que a define como tal.

"A revivescência do ideal grego antigo", Fernando Pessoa

Pessimismo

Ser pessimista é tomar qualquer coisa como trágico, e essa atitude é um exagero e um incômodo.

Livro do desassossego, Bernardo Soares

Eu não sou pessimista, sou triste.

Livro do desassossego, Bernardo Soares

Piedade

Deus tenha piedade de mim que a não tive de ninguém!

"Ode marítima", Álvaro de Campos

Pobre

Pobre do que perdeu o lugar oferecido por não ter casaco limpo com que aparecesse.

"Datilografia", Álvaro de Campos

Nunca preferi o pobre ao rico
Como, em mim, nunca preferi nada a nada.

"Datilografia", Álvaro de Campos

Tenho dó dos pobres. E também tenho dó dos ricos. Tenho mais dó dos ricos, porque são mais infelizes. Quem é pobre pode julgar que, se deixasse de o ser, seria feliz. Quem é rico sabe que não há maneira de ser feliz.

"Regras de vida", Fernando Pessoa

Quem é pobre tem uma só preocupação, ou uma só preocupação principal — a pobreza. Quem é rico, como infelizmente não tem essa, tem que ter todas as outras.

"Regras de vida", Fernando Pessoa

Poder

Não querer é poder.

Livro do desassossego, Bernardo Soares

Querer é não poder. Quem pôde, quis antes de poder.

Livro do desassossego, Bernardo Soares

Todo homem, ou grupo de homens, que manda, tende, em virtude do egoísmo natural da alma humana, a abusar desse mando.

"Defesa e justificação da ditadura militar em Portugal", Fernando Pessoa

Tão poderoso que não quer o quanto pode.

Mensagem ("Afonso de Albuquerque"), Fernando Pessoa

Quem vem poder o que só eu posso,
Que moro onde ninguém me visse
E escorro os medos do mar sem fundo?

Mensagem ("O mostrengo"), Fernando Pessoa

Poente

Que tem com o poente quem odeia e ama?

"O guardador de rebanhos", Alberto Caeiro

O poente tem cores
Da dor dum deus longínquo...
Assim choram os deuses.

"Odes", (12/6/1914), Ricardo Reis

Poesia (Poeta)

Ser poeta não é uma ambição minha
É a minha maneira de estar sozinho.

"O guardador de rebanhos", Alberto Caeiro

Eu nem sequer sou poeta: vejo.

"Poemas inconjuntos", Alberto Caeiro

Se o que escrevo tem valor, não sou eu que o tenho:
O valor está ali, nos meus versos.
Tudo isso é absolutamente independente da minha vontade.

"Poemas inconjuntos", Alberto Caeiro

A poesia é aquela forma da prosa em que o ritmo é artificial.

"Ideia, emoção e ritmo", Álvaro de Campos

A poesia é uma música que se faz com ideias, e por isso com palavras.[76]

"Ideia, emoção e ritmo", Álvaro de Campos

A poesia é superior à prosa porque exprime, não um grau superior de emoção, mas, por conta, um grau superior do domínio dela, a subordinação do tumulto em que a emoção naturalmente se exprimiria ao ritmo, à rima, à estrofe.

"Ideia, emoção e ritmo", Álvaro de Campos

Todos têm, como eu, um coração exaltado e triste. Todos, coitados, são poetas, e arrastam, a meus olhos, como eu aos olhos deles, a igual miséria da nossa comum incongruência. Têm todos, como eu, o futuro no passado.

Livro do desassossego, Bernardo Soares

A poesia é a emoção expressa em ritmo através do pensamento.

"Poesia e música", Fernando Pessoa

---

76 Referência, talvez, a sentença de Mallarmé, numa resposta ao pintor Degas: *Poesia não se faz com ideias, e sim com palavras.*

Quem, morrendo, deixa escrito um verso belo deixou mais ricos os céus e a terra e mais emotivamente misteriosa a razão de haver estrelas e gente.

"Apresentação dos heterônimos", Fernando Pessoa

O Poeta é um fingidor.[77]

"Autopsicografia", Fernando Pessoa

O poeta superior diz o que efetivamente sente. O poeta médio diz o que decide sentir. O poeta inferior diz o que julga que deve sentir. Nada disto tem que ver com a sinceridade.

"O problema da sinceridade do poeta", Fernando Pessoa

É por ser mais poeta
Que gente que sou louco?
Ou é por ter completa
A noção de ser pouco?

Sem título (30/3/1931), Fernando Pessoa

Política

A maravilhosa beleza das corrupções políticas,
Deliciosos escândalos financeiros e diplomáticos.

"Opiário", Álvaro de Campos

77 *Fingidor*, nesse verso, retoma seu sentido arcaico de construtor. Vem do latim *fingere*, equivalente a disfarçar, esculpir, modelar o barro (com os dedos, *fingo*), construir. Assim está, por exemplo, no provérbio latino *Humus de qua fingutur pocula* (Terra de que se fazem os campos). E, no fundo, que seria mesmo o fingimento, senão a construção de uma nova realidade? O poeta, então, não *finge* uma dor que está sentindo na carne; por ser impossível, à frágil condição humana, fingir e, ao mesmo tempo, sentir de verdade (*deveras*) a mesma dor. Por tudo, e retomando seu sentido latino, o poeta, *constrói* "a dor que deveras sente". Em outras palavras, pois, o poeta é um *construtor*.

Uns governam o mundo, outros são o mundo. Entre um milionário americano, com bens na Inglaterra, ou Suíça, e o chefe socialista da aldeia — não há diferença de qualidade mas apenas de quantidade. Abaixo destes estamos nós, os amorfos.

Livro do desassossego, Bernardo Soares

O político, quando faz a sua política, não pensa de momento senão nas suas ambições pessoais e, por vezes, no destino do país que pretende governar.

"Função do artista", Fernando Pessoa

O mais honesto e desinteressado dos políticos e dos governantes nunca pode saber com certeza se não está arruinando um país.

Sem título (1926, *Revista de Comércio e Contabilidade*), Fernando Pessoa

O mais revolucionário dos gênios políticos tem de se adaptar ao que quer destruir para o poder destruir. Tem de mergulhar na vida que quer substituir para poder agir sobre ela.

Carta a destinatário não identificado (sem data), Fernando Pessoa

Porto

A cruz ao alto diz que o que me há na alma
O porto sempre por achar.

Mensagem ("Padrão"), Fernando Pessoa

Portugal (Português)

Ora porra!
Nem o rei chegou, nem o Afonso Costa morreu quando caiu do carro baixo!
E ficou tudo na mesma, tendo a mais só os alemães a menos...
E para isto se fundou Portugal!

"Manifesto", Álvaro de Campos

Portugal-centavos, resto de Monarquia a apodrecer
República, extrema-unção-enxovalho da Desgraça,
colaboração artificial na guerra com vergonhas naturais em África.

Ultimatum, Álvaro de Campos

Nem Rei nem lei, nem paz nem guerra,
Define com perfil e ser
Este fulgor baço da terra
Que é Portugal a entristecer.

Mensagem ("Nevoeiro"), Fernando Pessoa

A Europa jaz, posta nos cotovelos:
Fita, com olhar esfíngico e fatal,
O Ocidente, futuro do passado.
O rosto com que fita é Portugal.

Mensagem ("O dos castelos"), Fernando Pessoa

Cumpriu-se o Mar, e o Império se desfez
Senhor, falta cumprir-se Portugal!

Mensagem ("O infante"), Fernando Pessoa

O bom português é várias pessoas.

"Consciência da pluralidade", Fernando Pessoa

Povo

Aqui ao leme sou mais do que eu:
Sou um Povo que quer o mar que é teu.

Mensagem ("O mostrengo"), Fernando Pessoa

O povo não é educável, porque é povo. Se fosse convertê-lo em indivíduos, seria educável, seria educado, porém já não seria povo.

"Regras de vida", Fernando Pessoa

Prazer

Todo prazer é um vício.

"Passagem das horas", Álvaro de Campos

Preceito

Exemplos do preceito prático necessariamente imoral: *Ou evita fazer mal a alguém; ou, se decides fazer-lhe mal, fazer-lhe lhe então todo o mal que puderes.*

"Os preceitos práticos em geral e os de Henry Ford em particular", Fernando Pessoa

Os preceitos práticos mais úteis são, como é de esperar, obra não dos homens inteligentes mais práticos, mas, o que é diferente, dos homens práticos mais inteligentes.

"Os preceitos práticos em geral e os de Henry Ford em particular", Fernando Pessoa

Prefácio

Um prefácio é sempre mau... Mas às vezes, como a imoralidade, um prefácio é uma coisa necessária.

Anotação (sem data) para uma apresentação de Alberto Caeiro, Ricardo Reis

Presente

O que é o presente?
É uma coisa relativa ao passado e ao futuro.

"Poemas inconjuntos", Alberto Caeiro

O presente é só uma rua onde passa quem me esqueceu...

"Realidade", Fernando Pessoa

Pressa

A brisa, essa
De tão naturalmente matinal,
Como tem tempo não tem pressa...

"Liberdade", Fernando Pessoa

Príncipe

Toda a gente que eu conheço e que fala comigo
Nunca foi senão príncipe — todos eles príncipes — na vida.

"Poema em linha reta", Álvaro de Campos

Prisão de ventre

Tenho uma grande constipação,
E toda a gente sabe como as grandes constipações
Alteram todo o sistema do universo.

Sem título (14/3/1931), Álvaro de Campos

Excusez un peu [desculpe a minha ousadia]... Que grande constipação física!
Preciso de verdade e da aspirina.

Sem título (14/3/1931), Álvaro de Campos

Progresso

O progresso envolve o abandono de certos hábitos, de certos costumes, de certas normas e atitudes que, por serem velhas, se tornaram queridas, e, por serem usuais, se tornaram necessárias.

"Como organizar Portugal", Fernando Pessoa

Atitude instintiva da maioria dos homens perante o progresso é a resistência a ele.

"Como organizar Portugal", Fernando Pessoa

A supertradicionalização é um mal mais fundo, mas menos grave, que o excesso de espírito progressivo.

"Como organizar Portugal", Fernando Pessoa

O progresso, seja o que for, é com certeza uma alteração.

"Como organizar Portugal", Fernando Pessoa

Propaganda

A ação é sempre mais proveitosa que a propaganda.

"O banqueiro anarquista", Fernando Pessoa

Um anúncio difere dum cartaz em que o cartaz deve chamar a atenção e prendê-la no mesmo ato, ao passo que o anúncio deve chamar a atenção para *depois* prendê-la.

Sem título (1926, *Revista de Comércio e Contabilidade*), Fernando Pessoa

Propósitos

Falhei em tudo.
Como não fiz propósito nenhum, talvez tudo fosse nada.

"Tabacaria", Álvaro de Campos

Propriedade

A propriedade não é um roubo: não é nada.

Livro do desassossego, Bernardo Soares

Provérbios

Um provérbio moral: *Filho és e pai serás; conforme fizeres, assim acharás.* Um provérbio racional: *Fia-te na Virgem e não corras, e verás o tombo que levas.* Exemplo de um provérbio prático: *Quem seu inimigo poupa, às mãos lhe morre.*

"Os preceitos práticos em geral e os de Henry Ford em particular", Fernando Pessoa

Prudência

Saber interpor-se constantemente entre si próprio e as coisas é o mais alto grau de sabedoria e prudência.

Livro do desassossego ("Grandes trechos"), Bernardo Soares

Público

O público não quer a verdade, mas a mentira que mais lhe agrade.

"Nota", Fernando Pessoa

O público não compreende ideias complexas. É preciso dar-lhes só ideias simples, generalidades vagas, isto é, mentiras, ainda que partindo de verdades.

"Nota", Fernando Pessoa

O público, movido intimamente por sentimentos e não por ideias, é organicamente parcial.

"Nota", Fernando Pessoa

Pudor

A beleza de um corpo nu só a sentem as raças vestidas. O pudor vale sobretudo para a sensualidade como o obstáculo para a energia.

Livro do desassossego, Bernardo Soares

Q

Queda

Caí pela escada abaixo subitamente,
E até o som de cair era a gargalhada da queda.
Cada degrau era a testemunha importuna e dura
Do ridículo que fiz de mim.

Sem título (sem data), Álvaro de Campos

R

Raça

A Hora da Raça chegou enfim.

"Lusitânia, Europa e Orpheu", Fernando Pessoa

Cada vez mais ponho na essência anímica do meu sangue o propósito impessoal de engrandecer a pátria e contribuir para a evolução da humanidade. É a forma que em mim tomou o misticismo da nossa Raça.

"Palavras de pórtico", Fernando Pessoa

Realidade

Não quero o presente, quero a realidade
Quero as coisas que existem, não o tempo que as mede.

"Ficções de interlúdio", Alberto Caeiro

Nada existe, não existe a realidade, mas apenas sensações.

"Sensacionismo", Fernando Pessoa

Como a realidade tem dois elementos — o moral e o prático —, o preceito moral conta sempre com a existência do elemento prático, e o preceito prático conta sempre com a existência do elemento moral.

"Os preceitos práticos em geral e os de Henry Ford em particular", Fernando Pessoa

Regionalismo

O regionalismo é uma degeneração gordurosa do nacionalismo.

"Nacionalismo antiportuguês", Fernando Pessoa

Rei

Eu sou um rei
Que voluntariamente abandonei
O meu trono de sonhos e cansaços.

"Abdicação", Fernando Pessoa

Ah, não consegues contra o adverso muito.
Abdica e sê
Rei de ti mesmo.

"Odes" (6/12/1926), Ricardo Reis

Religião

Se ao menos eu tivesse uma religião qualquer!

Sem título (16/6/1934), Álvaro de Campos

Címbalo de Extrema-Unção, carícia sem gesto, pompa morta à sombra, óleo de horas passadas a sonhar — livra-me da religião, porque é suave; e da descrença, porque é forte.

Livro do desassossego ("Grandes trechos"), Bernardo Soares

Não importa como a religião nasce. Importa apenas o que é.

"Conceito de religião", Fernando Pessoa

No fundo, a religião é uma forma rudimentar do sentimento da beleza.

"Religião, forma social da arte", Antônio Mora

Relógio

Sem o relógio, tudo é mais afastado e misterioso. Quem sabe se nós poderíamos falar assim se soubéssemos a hora que é?

"O marinheiro", Fernando Pessoa

Relógio, morre
Momentos vão...
Nada já ocorre
Ao coração
Senão, senão...

Sem título (1/3/1920), Fernando Pessoa

Remorso

Da vida iremos
Tranquilos, tendo
Nem o remorso
De ter vivido.

Sem título (12/6/1914), Fernando Pessoa

Revolução

Julga alguém que o *povo* faz revoluções? Por que há tanta gente estúpida no mundo, o senhor sabe?

"A crise europeia e o futuro império de Israel", Álvaro de Campos

As grandes convulsões sociais, as revoluções, as guerras civis, embora politicamente nada produzam, têm ao menos a vantagem de sacudir energias letárgicas.

"Como organizar Portugal", Fernando Pessoa

Ricos

Respira-se melhor quando se é rico.

Livro do desassossego, Bernardo Soares

Um nasce conde ou marquês, e tem por isso a consideração de toda a gente, faça ele o que fizer; outro tem que andar direitinho como um prumo para ser ao menos tratado como gente.

"O banqueiro anarquista", Fernando Pessoa

Aceito que um homem seja superior a mim por o que a Natureza lhe deu — o talento, a força, a energia; não aceito que ele seja meu superior por qualidades postiças — a riqueza, a posição social, a vida facilitada.

"O banqueiro anarquista", Fernando Pessoa

Rio

O Tejo é mais belo que o rio que corre pela minha aldeia.[78]
Mas o Tejo não é mais belo que o rio que corre pela minha aldeia,
Porque o Tejo não é o rio que corre pela minha aldeia.

"O guardador de rebanhos", Alberto Caeiro

78 Esse rio da aldeia de Caeiro (e de Pessoa) é o Tejo.

Ninguém nunca pensou no que há para além
Do rio da minha aldeia
Quem está ao pé dele
Está só ao pé dele.

"O guardador de rebanhos", Alberto Caeiro

Poucos sabem qual é o rio da minha aldeia
E por isso, porque pertence a menos gente,
É mais livre e maior o rio da minha aldeia.

"O guardador de rebanhos", Alberto Caeiro

Se os rios tivessem êxtases ao luar,
Os rios seriam homens doentes.

"O guardador de rebanhos", Alberto Caeiro

Acabemos com isto e tudo mais...
Ah, que ânsia humana de ser rio ou cais!

"Barrow-On-Furness", Álvaro de Campos

O rio corre, bem ou mal,
Sem edição original.

"Liberdade", Fernando Pessoa

Rir

Ris-te de mim? Não me importo.
Rir não faz mal a ninguém.
Teu rir é tão engraçado
Que, quando faz mal, faz bem.

"Quadras ao gosto popular", Fernando Pessoa

Ritmo

O ritmo consiste numa graduação de sons e de falta de sons, como o mundo da graduação do ser e do não ser.
"Páginas de estética e de teoria e críticas literárias", Fernando Pessoa

Romance

O romance é o conto de fadas de quem não tem imaginação.
"Impermanência", Fernando Pessoa

Romantismo

A maior acusação ao romantismo não se fez ainda: é a de que ele representa a verdade interior da natureza humana. Os seus exageros, os seus ridículos, os seus poderes vários de comover e de seduzir, residem em que ele é a figuração exterior do que há mais dentro da alma.
Livro do desassossego, Bernardo Soares

Os realistas realizam pequenas coisas, os românticos, grandes. Um homem deve ser realista para ser gerente de uma fábrica de tachas. Para gerir o mundo deve ser romântico.
"Românticos e realistas", Fernando Pessoa

É preciso um realista para descobrir a realidade; é preciso um romântico para criá-la.
"Românticos e realistas", Fernando Pessoa

Rotina

Os espíritos subordinados só se sentem bem na rotina, porque a rotina é a subordinação.

"A evolução do comércio" (1926, *Revista de Comércio e Contabilidade*), Fernando Pessoa

Roubar

Não é desculpável roubar um pão por ter fome. É desculpável a um artista roubar dez contos para garantir por dois anos a sua vida e tranquilidade.

Livro do desassossego, Bernardo Soares

Rua

Uma rua deserta não é uma rua onde não passa ninguém, mas uma rua onde os que passam, passam nela como se fosse deserta.

Livro do desassossego, Bernardo Soares

S

Salário

O salário justo é o salário mais alto que o patrão pode pagar regularmente.

"Os preceitos práticos em geral e os de Henry Ford em particular", Fernando Pessoa

Saudade

Quando serás tu apenas uma saudade minha?[79] Até lá quantas tu não serás!

Livro do desassossego, Bernardo Soares

Ah, é a saudade do outro que eu poderia ter sido
Que me desperta e sobressalta!

Livro do desassossego, Bernardo Soares

Vive o momento com saudade dele
Porque o que importa é que já nada importe...

"Uns versos quaisquer", Fernando Pessoa

Saudades! Tenho-as até do que me não foi dado, por uma angústia da fuga do tempo e uma doença do mistério da vida.

Nota solta (sem data), Fernando Pessoa

---

79 Referência ao único grande amor que teve Pessoa: Ophelia Queiroz.

(Ó sino da minha aldeia)...
A cada pancada tua,
Vibrante no céu aberto,
Sinto mais longe o passado,
Sinto a saudade mais perto.

Sem título (1913), Fernando Pessoa

Saudade eterna, que pouco duras!

Sem título (26/4/1926), Fernando Pessoa

Tenho saudades de tudo...

Sem título (4/11/1928), Fernando Pessoa

É que a saudade faz viver,
E faz ouvir, e ainda ver,
Tudo o que foi e acabará.

Sem título (8/3/1931), Fernando Pessoa

Seios

Meus pombinhos, meus pombinhos[80]
Que já não têm os seus ninhos.

Bilhete a Ophelia Queiroz, Fernando Pessoa

Sensação

Tudo é sensação.

"Sensacionismo", Fernando Pessoa

---

80 Esses *pombinhos* seriam os seios de Ophelia Queiroz — assim acredita, inclusive, sua família.

Sentido

O único sentido oculto das coisas
É elas não terem sentido oculto nenhum
Que as coisas sejam realmente o que parecem ser
E não haja nada que compreender.

"O guardador de rebanhos", Alberto Caeiro

Sentimento

Ninguém sabe o que verdadeiramente sente: é possível sentirmos alívio com a morte de alguém querido, e julgar que estamos sentindo pena, porque é isso que se deve sentir nessas ocasiões.

"O problema da sinceridade do poeta", Fernando Pessoa

Tenho tanto sentimento
Que é frequente persuadir-me
De que sou sentimental.

Sem título (18/9/1933), Fernando Pessoa

Sentir

Senti demais para poder continuar a sentir.

"Ode marítima", Álvaro de Campos

Multipliquei-me, para me sentir,
Para me sentir, precisei sentir tudo
E há em cada canto da minha alma um altar a um deus diferente.

"Passagem das horas", Álvaro de Campos

Sentir hoje o mesmo que ontem não é sentir — é lembrar hoje o que se sentiu ontem, ser hoje o cadáver vivo do que ontem foi a vida perdida.

Livro do desassossego, Bernardo Soares

Sentir é criar.

"Reflexões paradoxais", Fernando Pessoa

Sentir é pensar sem ideias, e por isso é compreender.

"Reflexões paradoxais", Fernando Pessoa

Tudo metade
De sentir e de ver...
Não digas nada!
Deixa esquecer.

Sem título (23/8/1934), Fernando Pessoa

Sim, já sei...
Há uma lei
Que manda que no sentir
Haja um seguir
Uma certa estrada
Que leva a nada.

Sem título (11/10/1934), Fernando Pessoa

Ser

Sou sempre eu,
O mesmo sempre, graças ao céu e à terra
E à minha clara simplicidade de alma...

"O guardador de rebanhos", Alberto Caeiro

Se ao menos eu por fora fosse tão
Interessante como sou por dentro!

"Opiário", Álvaro de Campos

Eu, o contraditório,
A cicatriz do sargento mal-encarado,
O sacana do José que prometeu vir e não veio.

"Passagem das horas", Álvaro de Campos

Não sou nada
Nunca serei nada
Não posso querer ser nada
À parte isso, tenho em mim todos os sonhos do mundo.

"Tabacaria", Álvaro de Campos

Serei sempre o que não nasceu para isso;
Serei sempre só o que tinha qualidades.

"Tabacaria", Álvaro de Campos

Serei sempre o que esperou que lhe abrissem a porta ao pé de uma parede sem porta.
E cantou a cantiga do Infinito numa capoeira[81]
E ouviu a voz de Deus num poço tapado.

"Tabacaria", Álvaro de Campos

Que sei eu do que serei, eu que não sei o que sou?

"Tabacaria", Álvaro de Campos

Fiz de mim o que não soube,
E o que podia fazer de mim não o fiz.

"Tabacaria", Álvaro de Campos

---

81 *Capoeira*, em Portugal, é uma pequena gaiola onde se guardam galinhas e capões (galos capados).

Sim, sou eu, eu mesmo, tal resultei de tudo,
Espécie de acessório ou sobresselente próprio.

Sem título (6/8/1932), Álvaro de Campos

Sou o intervalo entre o que desejo ser e o que os outros fizeram.

Sem título (sem data), Álvaro de Campos

Quantos sou?[82] Quem é eu? O que é este intervalo que há entre mim e mim?

Livro do desassossego, Bernardo Soares

Não sei sentir, não sei pensar, não sei querer. Sou uma figura de romance por escrever, entre os sonhos de quem me não soube completar.

Livro do desassossego, Bernardo Soares

Sou qualquer coisa que fui.

Livro do desassossego, Bernardo Soares

Cheguei hoje, de repente, a uma sensação absurda e justa. Reparei, num relâmpago íntimo, que não sou ninguém. Ninguém, absolutamente ninguém.

Livro do desassossego, Bernardo Soares

Não sou senão eu, não nasci senão quem sou, estou cheio de mim.

"Cul de lampe", Fernando Pessoa

Não sei quem sou, que alma tenho.

"Consciência da pluralidade", Fernando Pessoa

---

82 É que Pessoa escreveu por 127 heterônimos. E como se fosse cada um deles.

Divido o que conheço
De um lado é o que sou
Do outro quarto esqueço
Por entre os dois eu vou.

"Dream", Fernando Pessoa

Este, que aqui aportou,
Foi por não ser existindo.
Sem existir nos bastou.

Mensagem ("Ulisses"), Fernando Pessoa

Quanto fui, quanto não fui, tudo isso sou.
Quanto quis, quanto não quis, tudo isso me forma.
Quanto amei ou deixei de amar é a mesma saudade em mim.

"Oxford shores", Fernando Pessoa

O que sou é um sonho que está triste.

"Sá-Carneiro", Fernando Pessoa

Eu já não sou eu. Sou um fragmento de mim conservado
num museu abandonado.

Carta a Armando Côrtes-Rodrigues (19/11/1914), Fernando Pessoa

Sou o resto de todos os cansaços
A dor de todas as angústias.

Sem título (21/12/1913), Fernando Pessoa

Tudo o que somos é só o que fomos.

Sem título (7/4/1917), Fernando Pessoa

Nada sou, nada posso, nada sigo.
Trago, por ilusão, meu ser comigo,
Não compreendendo compreender, nem sei
Se hei de ser, sendo nada, o que serei.

Sem título (6/1/1923), Fernando Pessoa

Aqui, agora, rememoro
Quanto de mim deixei de ser
E, inutilmente, choro
O que sou e não pude ter.

Sem título (1924), Fernando Pessoa

Sou um evadido.
Logo que nasci
Fecharam-me em mim.
Ah, mas eu fugi.

Sem título (5/4/1931), Fernando Pessoa

Não fiz nada, bem sei, nem o farei,
Mas de não fazer nada isto tirei,
Que fazer tudo e nada é tudo o mesmo,
Quem sou é o espectro do que não serei.

Sem título (2/7/1931), Fernando Pessoa

Tivesse quem criou
O mundo desejado
Que eu fosse outro que sou,
Ter-me-ia outro criado.

Sem título (2/1/1932), Fernando Pessoa

Quero, terei —
Se não aqui
Noutro lugar, que inda não sei
Nada perdi.
Tudo serei.

Sem título (9/1/1933), Fernando Pessoa

Vou no caminho
Que é meu vizinho
Porque não sou
Quem aqui estou.

Sem título (11/10/1934), Fernando Pessoa

Tudo quanto penso,
Tudo quanto sou
É um deserto imenso
Onde nem eu estou.

Sem título (18/3/1935), Fernando Pessoa

Sim, sei bem
Que nunca serei ninguém
  Sei de sobra
Que nunca terei uma obra.
  Sei enfim,
Que nunca saberei mim
  Sim, mas agora,
Enquanto dura esta hora,
  Este luar, estes ramos
Esta paz em que estamos
  Deixem-me crer
O que nunca poderia ser.

"Odes" (8/7/1931), Ricardo Reis

Para ser grande, sê inteiro:
Sê todo em cada coisa.

"Odes" (14/3/1933), Ricardo Reis

Sexo

O amor é o que é essencial.
O sexo é só um acidente.
Pode ser igual
Ou diferente.

Sem título (5/4/1935), Fernando Pessoa

Silêncio

O teu silêncio é uma nau com todas as velas pandas.

"Hora absurda", Fernando Pessoa

O silêncio é dos deuses.

Sem título (10/8/1916), Fernando Pessoa

Aguardo, equânime, o que não conheço —
Meu futuro e o de tudo.
No fim tudo será silêncio.[83]

"Odes" (13/12/1933), Ricardo Reis

Símbolo

Seguia sozinho como um símbolo, sob as sombras inúteis e o sussurro lento das ramagens vagas.

Nota solta (sem data), Fernando Pessoa

---

83 Talvez referência a Hamlet, que disse *o resto é silêncio.*

Simpatia

Simpatizo com alguns homens pelas suas qualidades de caráter,
E simpatizo com outros pela sua falta dessas qualidades.

"Passagem das horas", Álvaro de Campos

Sinceridade

Todo o interesse alheio por nós é uma indelicadeza ímpar. O que desloca a vulgar saudação de ser uma indesculpável grosseria é o ser ela em geral absolutamente oca e insincera.

Livro do desassossego ("Grandes trechos"), Bernardo Soares

A sinceridade é o grande obstáculo que o artista tem a vencer. Só uma longa disciplina, uma aprendizagem de não sentir senão literalmente as coisas podem levar o espírito a esta culminância.

"A sinceridade como obstáculo à ciência e à arte", Fernando Pessoa

Quando falo com sinceridade não sei com que sinceridade falo. Sou variamente outro do que um eu que não sei se existe.

"A sinceridade como obstáculo à ciência e à arte", Fernando Pessoa

Sindicato

Uma vez constituído o sindicato, passam a dominar nele os indivíduos mais aptos e competentes para a vida sindical, isto é, para a política eleitoral dessas agremiações.

Sem título (1926, *Revista de Comércio e Contabilidade*), Fernando Pessoa

Todo sindicato é, social e profissionalmente, um mito.

Sem título (1926, *Revista de Comércio e Contabilidade*), Fernando Pessoa

O princípio sindical, propriamente reacionário ou retrógrado, é uma reversão às corporações medievais.

Sem título (1926, *Revista de Comércio e Contabilidade*), Fernando Pessoa

Sino

Toquem sinos — toquem claramente
Talvez o vago sentimento que acordem
Não sei por quê — lembre a minha infância
Toquem sinos, toquem! A sua alma é uma lágrima.
O que importa? A alegria da minha infância
Vocês não podem me devolver.

"The bells", Alexander Search

Ó sino da minha aldeia[84]
Dolente na tarde calma,
Cada tua badalada
Soa dentro da minha alma.

Sem título (sem data), Fernando Pessoa

84 Trata-se dos sinos da Basílica dos Mártires, que ficava bem em frente ao quarto em que morou Pessoa até os 7 anos — no Largo de São Carlos, no Chiado (Lisboa). Apenas uma rua estreita, a Serpa Pinto, separava esses sinos da "alcova velha da minha infância perdida".

Sociedade

A sociedade é um sistema de egoísmos maleáveis, de concorrências intermitentes. Cada homem é, ao mesmo tempo, um ente individual e um ente social. Como indivíduo, distingue-se de todos os outros homens; e, porque se distingue, opõe-se-lhes. Como sociável, parece-se com todos os outros homens; e, porque se parece, agrega-se-lhes.

"Os preceitos práticos em geral e os de Henry Ford em particular", Fernando Pessoa

Sociedade anônima

De todas as formas das sociedades comerciais, as Sociedades Anônimas são as que mais se prestam ao desleixo da gerência.

"A inutilidade dos Conselhos Fiscais", Fernando Pessoa

Sociologia

A ciência chamada sociologia está ainda no seu período alquímico.

"Como organizar Portugal", Fernando Pessoa

Sofrimento

Ontem o pregador de verdades dele
Falou do sofrimento das classes que trabalham
(Não do das pessoas que sofrem, que é afinal quem sofre).

"Poemas inconjuntos", Alberto Caeiro

Não me indigno, porque a indignação é para os fortes; não me resigno, porque a resignação é para os nobres; não me calo, porque o silêncio é para os grandes. E eu não sou forte, nem nobre, nem grande. Sofro e sonho.

Livro do desassossego, Bernardo Soares

Ninguém compreende o meu sofrer
Nem compreende por que não compreende.

"Primeiro Fausto", Fernando Pessoa

Sol

A luz do sol vale mais que os pensamentos
De todos os filósofos e de todos os poetas.

"O guardador de rebanhos", Alberto Caeiro

Bendito seja o mesmo sol de outras terras
Que faz meus irmãos todos os homens.

"O guardador de rebanhos", Alberto Caeiro

É talvez o último dia de minha vida.
Saudei o sol, levantando a mão direita,
Mas não o saudei, dizendo-lhe adeus,
Fiz sinal de gostar de o ver antes: mais nada.

"Poemas inconjuntos" (*last poem*), Alberto Caeiro

O melhor do mundo são as crianças
Flores, música, luar e o sol que peca.[85]
Só quando, em vez de criar, seca.

"Liberdade", Fernando Pessoa

85 Este *sol* do poema é Portugal; que, em vez de *criar* com a democracia, *seca* sob a censura de Salazar. O governo português (como vimos em nota no verbete "Cristo") proibiu a publicação do poema.

Senhor, torna-me grande como o sol, para que te possa adorar em mim; e torna-me puro como a lua, para que eu possa rezar em mim; e torna-me claro como o dia para que eu te possa ver sempre em mim, e rezar-te e adorar-te.

"Prece", Fernando Pessoa

Solidão

Estou só, só como ninguém ainda esteve
Oco dentro de mim, sem depois nem antes.

Sem título (1/3/1917), Álvaro de Campos

A solidão desola-me; a companhia oprime-me.

Livro do desassossego, Bernardo Soares

Outros terão
Um lar, quem saiba, amor, paz, um amigo.
A inteira, negra e fria solidão
Está comigo.

Sem título (13/1/1920), Fernando Pessoa

Ó vento vago
Das solidões,
Minha alma é um lago
De indecisões.

Sem título (1928), Fernando Pessoa

Estás só. Ninguém o sabe. Cala e finge.[86]

"Odes" (6/4/1933), Ricardo Reis

86 Fingir, aqui, pode ter dois sentidos. De *fingir* propriamente, como ato de esconder o pensamento; ou de *construir* (como vimos em nota no verbete "Poesia").

Sombra

Que pensará o meu muro da minha sombra?

"O guardador de rebanhos", Alberto Caeiro

Outra vez Te revejo — sombra que passa através de sombras, e brilha.

"Lisbon revisited" (1926), Álvaro de Campos

De tanto lidar com sombras, eu mesmo me converti numa sombra.

Livro do desassossego, Bernardo Soares

Soneto

Sonetos são infância, e, nesta hora,
A minha infância é só um ponto preto.

"Regresso ao lar", Álvaro de Campos

Quando Milton[87] escrevia um soneto, escrevia-o como se tivesse de viver ou morrer por aquele único soneto. Nenhum soneto deveria ser escrito a não ser neste espírito.

"Da literatura moderna", Fernando Pessoa

Sonhar (Sonho)

O sonho pesa-me antes de o ter.

Sem título (1/3/1917), Alberto Caeiro

---

87 Pessoa considerava *Paraíso perdido,* de John Milton, uma obra superior "pela escala coerente de valores". Milton, só para lembrar, era um dos autores preferidos de Pessoa, para ele maior ainda que Camões.

Estou farto de sonhar.

"Suspense", Alexander Search

Até os meus exércitos sonhados sofreram derrota.
Até os meus sonhos se sentiram falsos ao serem sonhados.
Até a vida só desejada me farta — até essa vida...

"Lisbon revisited" (1926), Álvaro de Campos

No fundo do meu espírito, onde sonho o que sonhei
Fogem desmantelados, últimos restos
Da ilusão final
Os meus exércitos sonhados, derrotados sem ter sido,
As minhas coortes[88] por existir, esfaceladas em Deus.

"Lisbon revisited" (1926), Álvaro de Campos

Tenho sonhado mais que o que Napoleão fez.
Tenho apertado ao peito hipotético mais humanidades do que Cristo
Tenho feito filosofias em segredo que nenhum Kant escreveu,
Mas sou, e talvez serei sempre, o da mansarda,
Ainda que não more nela.[89]

"Tabacaria", Álvaro de Campos

Nunca pretendi ser senão um sonhador. A quem me falou de viver nunca prestei atenção. Pertenci sempre ao que não está onde estou e ao que nunca pude ser.

Livro do desassossego, Bernardo Soares

---

88 *Coortes* são *tropas*.

89 Pessoa escreveu "Tabacaria" no primeiro andar da Casa Moitinho de Almeida, onde trabalhava. As "Janelas do meu quarto", do poema, são as desse escritório. Até porque o quarto de Pessoa no apartamento da Rua Coelho da Rocha, onde morava quando escreveu o poema, não tinha janela nenhuma — posto ficar no interior, mais quente e protegido dos ventos. Essa *mansarda*, então, era a daquele escritório (em que, com efeito, não morava).

Para ser sonhador falta-me o dinheiro. As grandes melancolias, as tristezas cheias de tédio, não podem existir senão com um ambiente de conforto e de sóbrio luxo.

Livro do desassossego, Bernardo Soares

Estou cansado de ter sonhado, porém não cansado de sonhar. De sonhar ninguém se cansa, porque sonhar é esquecer.

Livro do desassossego, Bernardo Soares

De tanto lidar com sonhos,
eu mesmo me converti num sonho.
O sonho de mim mesmo.

Livro do desassossego, Bernardo Soares

O sonho me castiga. Adquiri nele tal lucidez que vejo como real cada coisa que sonho.

Livro do desassossego, Bernardo Soares

Matar o sonho é mutilar a nossa alma. O sonho é o que temos de realmente nosso.

Livro do desassossego, Bernardo Soares

Sem ilusões, vivemos apenas do sonho, que é a ilusão de quem não pode ter ilusões.

Livro do desassossego, Bernardo Soares

Em sonhos sou igual ao moço de fretes e à costureira. Só me distingue deles o saber escrever. Na alma eu sou igual.

Livro do desassossego, Bernardo Soares

Só o que sonhamos é o que verdadeiramente somos, porque o mais, por estar realizado, pertence ao mundo e a toda gente.

Livro do desassossego, Bernardo Soares

Viver a vida em sonho é sempre viver a vida. Abdicar é agir. Sonhar é confessar a necessidade de viver, substituindo a vida real pela vida irreal.

Livro do desassossego ("Grandes trechos"), Bernardo Soares

Nada mais peço senão que entres nos meus sonhos e sejas real.

"A sensationist poem", Fernando Pessoa

Sinto que sonho o que me sinto sendo.

"Análise", Fernando Pessoa

Procurar o sonho é procurar a verdade.

"Apêndice", Fernando Pessoa

Por que fiz eu dos sonhos
A minha única vida?

"Luminosidade", Fernando Pessoa

Toda a sua vida tinha sido a sua vida que sonhara... E ele viu que não podia ser que outra vida tivesse existido.

"O marinheiro", Fernando Pessoa

Nenhum sonho acaba.

"O marinheiro", Fernando Pessoa

De eterno e belo há apenas o sonho...

"O marinheiro", Fernando Pessoa

Nós somos nossos sonhos.

"Poemas ingleses", Fernando Pessoa

A sonhar eu venci mundos
Minha vida um sonho foi.

"Primeiro Fausto", Fernando Pessoa

Veloz a sombra
Vai sobre a água...
Assim meu sonho
Por minha mágoa...

"Sombra", Fernando Pessoa

Se tudo é sonho
O sonho é nada.

"Sonho", Fernando Pessoa

Sonhar um sonho é perder outro.

"Viagem", Fernando Pessoa

O tempo que eu hei sonhado
Quantos anos foi de vida!

"O andaime", Fernando Pessoa

Se tudo é um sonho, não será a morte
Um sonho também?

Sem título (3/9/1910), Fernando Pessoa

Dá-me, ó noite calada, sonhos tais
Que, sonhando, eu me esqueça de sorrir.

Sem título (13/7/1912), Fernando Pessoa

O sonho é melhor que a vida?

Sem título (26/2/1917), Fernando Pessoa

Sonhar é nada e não saber é vão.
Dorme na sombra, incerto coração.

Sem título (6/1/1923), Fernando Pessoa

O que tem que ser será
Quer eu queira que seja ou não
Tudo mais é sonhar.

Sem título (28/12/1928), Fernando Pessoa

Não há mais sossego, nem menos sossego sequer,
Para o meu esperar.
O que tem que não ser
Algures será, se o pensei; tudo mais é sonhar.

Sem título (28/12/1928), Fernando Pessoa

Que grande sonho
Ser quem não sabe quem é e sorri!

Sem título (18/8/1930), Fernando Pessoa

Entre o sono e o sonho,
Entre mim e o que em mim
É o quem eu me suponho,
Corre um rio sem fim.

Sem título (11/9/1933), Fernando Pessoa

Sonhe tão pouco quanto possível, exceto quando o objetivo direto do sonho seja um poema ou produto literário. Estude e trabalhe.

Anotação sem data, Fernando Pessoa

És para mim como um sonho.
Soas-me na alma distante.

Sem título (sem data), Fernando Pessoa

Por que
Esperar?
Tudo é
Sonhar.

Sem título (sem data), Fernando Pessoa

Sono

O sono que desce sobre mim
Parecerá aos outros o sono de dormir,
Mas é mais, mais de dentro, mais de cima:
É o sono da soma de todas as desilusões,
É o sono da síntese de todas as desesperanças.[90]

Sem título (22/8/1935), Álvaro de Campos

Vivemos aos encontros do abandono
Sem verdade, sem dúvida nem dono.
Boa é a vida, mas melhor é o vinho.
O amor é bom, mas é melhor o sono.

Sem título (1931), Fernando Pessoa

Por que é que um sono agita
Em vez de repousar
O que em minha alma habita
E a faz não descansar?

Sem título (6/9/1933), Fernando Pessoa

Dorme, criança, dorme,
Dorme que eu velarei;
A vida é vaga e informe,
O que não há é rei.
Dorme, criança, dorme,
Que também dormirei.

Sem título (16/3/1934), Fernando Pessoa

---

90 Um dos últimos poemas de Pessoa, já às vésperas do fim. Esse sono maior é o da morte.

Sorrir

Sorrio do conhecimento antecipado da coisa-nenhuma que serei
Sorrio ao menos: sempre é alguma coisa o sorrir...

"Reticências", Álvaro de Campos

Sorriso de ninguém,
Com aquela esperança
Que nem esperança tem.

Sem título (21/8/1933), Fernando Pessoa

Sorte

Para vencer — material ou imaterialmente — três coisas definíveis são precisas: saber trabalhar, aproveitar oportunidades e criar relações. O resto pertence ao elemento indefinível, mas real, a que, à falta de melhor nome, se chama sorte.

"Elementos de vitória", Fernando Pessoa

Não me podia a Sorte dar guarida
Por não ser eu dos seus.

Mensagem ("D. Pedro, Regente de Portugal"), Fernando Pessoa

Sê meu último ser! Dá-me por sorte
Qualquer coisa mais minha do que a vida,
Qualquer coisa mais tua do que a morte!

"Noite", Fernando Pessoa

A sorte inveja, Lídia. Emudeçamos.

"Odes" (3/11/1923), Ricardo Reis

Sossego

Mas não há sossego — ah, nem o haverá nunca! — no fundo do meu coração.

Livro do desassossego, Bernardo Soares

Suicídio

Se te queres matar, por que não te queres matar?[91]
Ah, aproveita! Que eu, que tanto amo a morte e a vida,
Se ousasse matar-me, também me mataria.

Sem título (26/4/1926), Álvaro de Campos

Quando ontem me disseram que o empregado da tabacaria[92] se tinha suicidado, tive uma impressão de mentira. Coitado... Mas a mim, como à humanidade inteira, há só a memória de um sorriso parvo por cima de um casaco de mescla, sujo, e desigual nos ombros. O caixeiro da tabacaria era a humanidade inteira.

Livro do desassossego, Bernardo Soares

A vida prática sempre me pareceu o menos cômodo dos suicídios.

Livro do desassossego, Bernardo Soares

---

91 Para boa parte dos especialistas, o poema é endereçado ao próprio Pessoa. Em posição diversa, e segundo penso correta, Cleonice Berardinelli me chamou a atenção para o fato de ter sido escrito em 26 de abril de 1926 — a data exata do décimo aniversário de morte do querido Sá-Carneiro. Suicida, então, seria não o próprio Pessoa, mas só o velho amigo que se foi.

92 Essa tabacaria, como vimos, era a Havanesa dos Retroseiros. O "dono pálido da Tabacaria", a que se refere o heterônimo Bernardo Soares no *Desassossego,* era Manuel Alves Ribeiro — já desaparecido, à altura do texto. Em poema sem título, de 1930, Álvaro de Campos se refere a uma "cruz na porta da Tabacaria", pensando novamente nesse empregado, de quem não ficou o nome.

E hoje sou apenas um suicídio tardo,
Um desejo de dormir que ainda vive.

Sem título (28/8/1927), Fernando Pessoa

Supremo

Não ser Juiz do Supremo, empregado certo, prostituta,
Não ser sedento da justiça, ou capitão da cavalaria.
Que se revoltam contra a vida social porque têm razão para isso supor.

Sem título (sem data), Álvaro de Campos

T

Tédio

São horas, meu amor, de ter tédio de tudo...
A minha sensação desta Hora é um veludo...

"Complexidade", Fernando Pessoa

Assaltou-me um tédio de tal maneira profundo que não o posso exprimir senão expondo-lhe que sinto uma mão a estrangular-me a alma.

Carta a João Lebre e Lima (3/5/1914), Fernando Pessoa

Tejo

Outra vez te revejo — Lisboa e Tejo e tudo —
Estrangeiro aqui como em toda a parte,[93]
Casual na vida como na alma.

"Lisbon revisited" (1926), Álvaro de Campos

Amo o Tejo porque há uma cidade grande à beira dele.

Livro do desassossego, Bernardo Soares

93 Lembrança de quando em junho de 1905, e depois de dez anos na África, afinal volta Pessoa para Lisboa.

Tempo

Aproveitar o tempo!
Mas o que é o tempo, para que eu o aproveite?
Ah, deixem-me não aproveitar nada!
Nem tempo, nem ser, nem memórias de tempo ou de ser!

"Apostila", Álvaro de Campos

Eia todo o passado dentro do presente!
Eia todo o futuro já dentro de nós!

"Ode triunfal", Álvaro de Campos

Sinto o tempo com uma dor enorme.

Livro do desassossego, Bernardo Soares

Minha irmã,[94] está muito tarde. É sempre muito tarde
Leve suas mãos ao meu coração cansado.

"Trois chansons mortes", Fernando Pessoa

Conto as horas como moedas
Que nunca penso em gastar...

Sem título (7/2/1915), Fernando Pessoa

Cada coisa a seu tempo tem seu tempo.

"Odes" (30/7/1914), Ricardo Reis

---

94 Henriqueta Madalena, que Pessoa chamava *Teca*. Suas duas outras irmãs, Madalena Henriqueta (os nomes trocados são homenagem às duas avós) e Maria Clara, morreram bastante jovens.

Teoria

Que teoria há para quem sente
O cérebro quebrar-se, como um dente
Dum pente de mendigo que emigrou?

"Barrow-On-Furness", Álvaro de Campos

Toda a teoria deve ser feita para poder ser posta em prática, e toda a prática deve obedecer a uma teoria.

"Palavras iniciais" (1926, *Revista de Comércio e Contabilidade*), Fernando Pessoa

A teoria não é senão uma teoria da prática, e a prática não é senão a prática de uma teoria.

"Palavras iniciais" (1926, *Revista de Comércio e Contabilidade*), Fernando Pessoa

Ter

Outros haverão de ter
O que houvermos de perder.

Mensagem ("Os Colombos"), Fernando Pessoa

Ternura

Senti nele a ternura que se sente pela comum vulgaridade humana, pelo banal quotidiano do chefe de família que vai para o trabalho, pelo lar humilde e alegre dele, pelos prazeres alegres e tristes de que forçosamente se compõe a sua vida.

Livro do desassossego, Bernardo Soares

Terra

A terra é semelhante e pequenina
E há só uma maneira de viver.

Sem título (sem data), Álvaro de Campos

Tirania

A tirania é das ficções e não dos homens que as encarnam; esses são, por assim dizer, *os meios* de que as ficções se servem para tiranizar, como a faca é o meio de que se pode servir o assassino.

"O banqueiro anarquista", Fernando Pessoa

Tolerância

Sê tolerante, porque não tens certeza de nada.

Anotação sem data, Fernando Pessoa

Trabalho

O trabalho honesto e superior...
Mas é tão difícil ser honesto ou superior!

"Apostila", Álvaro de Campos

Saber trabalhar quer dizer: não fazer um esforço inútil, persistir no esforço até o fim, e saber reconstruir uma orientação quando se verificou que ela era, ou se tornou, errada.

"Elementos de vitória", Fernando Pessoa

O trabalho e a perfeição do trabalho tomam a precedência do dinheiro e do lucro.

"Os preceitos práticos em geral e os de Henry Ford em particular", Fernando Pessoa

Não é o trabalho, mas o saber trabalhar que é o segredo do êxito no trabalho.

Sem título (1926, *Revista de Comércio e Contabilidade*), Fernando Pessoa

Tristeza

Minha tristeza é sossego
Porque é natural e justa.

"O guardador de rebanhos", Alberto Caeiro

No fundo da minha alma há uma tristeza como o som de quem chora num quarto escuro.

Livro do desassossego, Bernardo Soares

Andava na cidade como quem anda no campo
Triste como esmagar flores em livros
E pôr plantas em jarros...

Livro do desassossego, Bernardo Soares

Uma tristeza de crepúsculo, feita de cansaços e de renúncias falsas, um tédio de sentir qualquer coisa, uma dor como de um soluço parado ou de uma verdade obtida.

Livro do desassossego, Bernardo Soares

Nossa atitude era aquela, triste, de apóstolos
Que perderam sua fé nos sonhos da noite.

"Trois chansons mortes", Fernando Pessoa

Deve chamar-se tristeza
Isto que não sei que seja.

Sem título (19/8/1930), Fernando Pessoa

E isto lembra uma tristeza
E a lembrança é que entristece.

Sem título (29/3/1931), Fernando Pessoa

Verdadeiramente
Não sei se estou triste ou não.
E a chuva cai levemente
(Porque Verlaine consente)[95]
Dentro do meu coração.

Sem título (1935), Fernando Pessoa

Trovão

A trovoada[96]
É uma quantidade de gente
Zangada por cima de nós...

"O guardador de rebanhos", Alberto Caeiro

Tudo

Nunca conheci quem tivesse levado porrada,
Todos os meus conhecidos têm sido campeões em tudo.

"Poema em linha reta", Álvaro de Campos

---

95 Esses versos são inspirados no *Romance sans paroles*, de Paul Verlaine (1844-1896), um livro em que os poemas, sem título, são só numerados. O terceiro, sobre epígrafe de Arthur Rimbaud (1844-1896), diz assim: "Chove no meu coração/ Como sobre a cidade./ Que lugar é esse/ Que penetra em meu coração?"

96 Pessoa, desde os tempos da África, sentia "o tremor da trovoada", para ele "chuvas na rua ressuscitada do abismo". No *Livro do desassossego*, há 10 passagens sobre chuva e 13 sobre tempestades.

Tumulto

Vendo o tumulto inconsciente em sua vida,
A humanidade de uma outra banda,
Não te nasce a vontade de dormir?
Não te cresce o desprezo de quem manda?

"Dream", Fernando Pessoa

Turista

Essa vila da minha infância é afinal uma cidade estrangeira.
Sou forasteiro, tourist, transeunte,
É claro: é isso que sou.
Até em mim, meu Deus, até em mim.

"Notas sobre Tavira", Álvaro de Campos

U

Universo

Sê plural como o universo!

"Consciência da pluralidade", Fernando Pessoa

E o universo
Reconstruiu-se-me sem ideal nem esperança,
E o dono da Tabacaria sorriu.

"Tabacaria", Álvaro de Campos

Sim, é claro,
O Universo é negro, sobretudo de noite.

"Cul de lampe", Fernando Pessoa

Às vezes, na penumbra
Do meu quarto, quando eu
Para mim próprio mesmo
Em alma mal existo,
Toma um outro sentido
Em mim o Universo.

"Episódios/A múmia (III)", Fernando Pessoa

V

Vadio

Sim, ser vadio e pedinte, como eu sou,
Não é ser vadio e pedinte, o que é corrente:
É ser isolado na alma, e isso é que é ser vadio,
É ter que pedir aos dias que passem, e nos deixem, e isso é que é ser pedinte.
Tudo mais é estúpido como um Dostoievski ou um Gorki.[97]

Sem título (sem data), Álvaro de Campos

Valer a pena

Outras vezes ouço passar o vento,
E acho que só para ouvir passar o vento vale a pena ter nascido.

"Poemas inconjuntos", Alberto Caeiro

Grande é a vida, e não vale a pena haver vida.

Sem título (4/10/1930), Álvaro de Campos

Mais vale escrever do que ousar viver, ainda que viver não seja mais que comprar bananas ao sol, enquanto o sol dura e há bananas que vender

Livro do desassossego, Bernardo Soares

97 É curioso que estejam os dois juntos no verso. Fiodor Mikhailovitch Dostoievski (1821-1881) era um liberal e já estava morto à altura em que os versos foram escritos; enquanto Alexei Maksimovitch Pechkou, dito Máximo Gorki (1868-1936), fundador da literatura realista e social no seu país, era um contemporâneo de Pessoa. Em comum, na citação, apenas o fato de serem escritores e russos.

Fui tudo, nada vale a pena.[98]

"Elegia na sombra", Fernando Pessoa

Tudo vale a pena
Se a alma não é pequena.

Mensagem ("Mar português"), Fernando Pessoa

Não, minha irmã, nada vale a pena.

"O marinheiro", Fernando Pessoa

Nada vale a pena, ó meu amor longínquo, senão o saber como é suave que nada vale a pena.

"O marinheiro", Fernando Pessoa

Há apenas dois tipos de estado de espírito constantes em que a vida vale ser vivida — a nobre alegria de uma religião ou a nobre tristeza de ter perdido uma.

"Uma forma de grandeza", Fernando Pessoa

A Vida, afinal, vale a pena. A tragédia foi esta, mas não houve dramaturgo que a escrevesse...

Carta a Ronald de Carvalho (29/2/1915), Fernando Pessoa

Vale mais a pena ver uma coisa pela primeira vez
Que conhecê-la.

Sem título (12/4/1919), Fernando Pessoa

98 Os versos foram escritos em 2 de junho de seu último ano, 1935.

Velhice

Somam-se-me dias.
Serei velho quando o for.
Mais nada.

"Aniversário", Álvaro de Campos

Tudo quanto pensei, tudo quanto sonhei, tudo quanto fiz ou não fiz — tudo isso irá no outono, como fósforos gastos ou papéis amarrotados.

Livro do desassossego, Bernardo Soares

Ficando eu sempre quase o mesmo, indo
Para a velhice como um dia entra
No anoitecer.

"Odes" (26/5/1917), Ricardo Reis

Vento

"Olá, guardador de rebanhos,
Aí à beira da estrada,
Que te diz o vento que passa?"
Que é vento, e que passa,
E que já passou antes,
E que passará depois.

"O guardador de rebanhos", Alberto Caeiro

Ver

O essencial é saber ver.
Saber ver sem estar a pensar,
Saber ver quando se vê,

E nem pensar quando se vê
Nem ver quando se pensa.

"O guardador de rebanhos", Alberto Caeiro

Vi todas as coisas, e maravilhei-me de tudo.
Mas tudo ou sobrou ou foi pouco.

"Passagem das horas", Álvaro de Campos

Ah, se nos fosse dado vermo-nos a nós como os outros veem!, diz o poeta escocês. Não que os outros vejam necessariamente mais certo que nós; mas veem diferentemente.

Sem título (1926, *Revista de Comércio e Contabilidade*), Fernando Pessoa

Verdade

Estou hoje vencido, como se soubesse a verdade
Estou hoje lúcido, como se estivesse para morrer.

"Tabacaria", Álvaro de Campos

O princípio da verdade está no conhecimento do erro.

"Defesa e justificação da ditadura militar em Portugal", Fernando Pessoa

Isso é tão estranho que deve ser verdade...

"O marinheiro", Fernando Pessoa

Viajar

Não fizeram, Senhor, as vossas naus, viagem
mais primeira que a que o meu pensamento, no desastre
deste livro, conseguiu.

Livro do desassossego, Bernardo Soares

Sou como um viajante que de repente se encontre numa vila estranha sem saber como ali chegou.

Livro do desassossego, Bernardo Soares

Para que viajar? Em Madrid, em Berlim, na Pérsia, na China, nos Polos ambos, onde estaria eu senão em mim mesmo.

Livro do desassossego, Bernardo Soares

O único viajante com verdadeira alma que conheci era um garoto de escritório que colecionava folhetos de propaganda de cidades, países e companhias de transportes. Não só era o maior viajante, era também uma das pessoas mais felizes que me tem sido dado encontrar. Tenho pena de não saber o que é feito dele.

Livro do desassossego, Bernardo Soares

Afinal, a melhor maneira de viajar é sentir.[99]
Sentir tudo de todas as maneiras.

"Episódios", Fernando Pessoa

Vida

Sentir a vida correr por mim como um rio por seu leito,
E lá fora um grande silêncio como um deus que dorme.

"O guardador de rebanhos", Alberto Caeiro

Na sua vida nada mais se encontrou
Do que dois fatos claros: viveu e expirou.

"The story of Salomon Wide", Alexander Search

---

99 Salvo os 12 anos em que viveu em Durban; pequenas viagens de férias, ainda pequeno, a Tavira e Ilha Terceira; e uma breve ida a Portalegre (onde foi comprar as máquinas de sua tipografia, Íbis), jamais saiu Pessoa de Lisboa e arredores.

Deixai-me viver sem saber nada, e morrer sem ir saber nada!
"Demogorgon", Álvaro de Campos

Temos todos duas vidas:
A verdadeira, que é a que sonhamos na infância
A falsa, que é a que vivemos em convivência com outros.
"Datilografia", Álvaro de Campos

Há só um caminho para a vida, que é a vida...
"Passagem das horas", Álvaro de Campos

Afinal
Que vida fiz eu da vida?
Nada.
Sem título (12/9/1935), Álvaro de Campos

Sob a leve tutela
De deuses descuidosos,
Quero gastar as concedidas horas
Desta fadada vida.
Sem título (sem data), Álvaro de Campos

A vida é uma grande feira e tudo são barracas e saltimbancos.
Sem título (sem data), Álvaro de Campos

Por mais rosas e lírios que me dês,
Eu nunca acharei que a vida é bastante,
Faltar-me-á sempre qualquer coisa.
Sem título (sem data), Álvaro de Campos

Viver é ser outro.
Livro do desassossego, Bernardo Soares

Morremos quando vivemos, porque viver é negar a eternidade!

Livro do desassossego ("Grandes trechos"), Bernardo Soares

Não saber de si é viver. Saber mal de si é pensar.

Livro do desassossego, Bernardo Soares

Toda a vida é um sonho. Ninguém sabe o que faz, ninguém sabe o que quer, ninguém sabe o que sabe. Dormimos a vida, eternas crianças do Destino.

Livro do desassossego, Bernardo Soares

Ah, quem me salvará de existir? Não é a morte que quero, nem a vida: é aquela outra coisa que brilha no fundo da ânsia como um diamante possível, numa cova a que se não pode descer.

Livro do desassossego, Bernardo Soares

A vida é a hesitação entre uma exclamação e uma interrogação. Na dúvida, há um ponto final.

Livro do desassossego, Bernardo Soares

Sou o intervalo entre o que sou e o que não sou, entre o que sonho e o que a vida fez de mim.

Livro do desassossego, Bernardo Soares

O repouso, a morte, o tudo ou nada que cerca como um grande mar a ilha de náufragos que é a vida.

Livro do desassossego, Bernardo Soares

Uns dizem que sem esperança a vida é impossível, outros que com esperança é vazia. Para mim, que hoje não espero nem desespero, ela é um simples quadro externo, que me inclui a mim, e a que assisto como um espetáculo sem enredo.

Livro do desassossego, Bernardo Soares

À vida nunca pedi senão que passasse por mim sem que eu sentisse.

Livro do desassossego, Bernardo Soares

Não quero mais da vida do que senti-la perder-se nestas tardes imprevistas, ao som de crianças alheias que brincam nestes jardins engradados pela melancolia das ruas que os cercam, pelo céu velho onde as estrelas recomeçam.

Livro do desassossego, Bernardo Soares

Entre mim e a vida há um vidro tênue. Por mais nitidamente que eu veja e compreenda a vida, eu não lhe posso tocar.

Livro do desassossego, Bernardo Soares

Assim como lavamos o corpo deveríamos lavar o destino, mudar de vida como mudamos de roupa.

Livro do desassossego, Bernardo Soares

Pedi tão pouco à vida e esse mesmo pouco a vida me negou. Uma réstia de parte do sol, um campo, um bocado de sossego com um bocado de pão, não me pesar muito o conhecer que existo, e não exigir nada dos outros nem exigirem eles nada de mim.

Livro do desassossego, Bernardo Soares

Viver não é necessário; o que é necessário é criar. Não conto gozar a minha vida; nem de gozá-la penso. Só quero torná-la grande, ainda que para isso tenha de ser o meu corpo e a [minha alma] a lenha desse fogo. Só quero torná-la de toda a humanidade; ainda que para isso tenha de a perder como minha.

"Palavras de pórtico", Fernando Pessoa

Viver é pertencer a outrem, Morrer é pertencer a outrem. Viver e morrer são a mesma coisa. Mas viver é pertencer a outrem *de fora*, e morrer é pertencer a outrem *de dentro*.

"Reflexões", Fernando Pessoa

Entre mim e a vida há uma ponte partida
Só os meus sonhos passam por ela...

"Acontece em Deus", Fernando Pessoa

Entre o que vive e a vida
Pra que lado corre o rio?

"Além-Deus V", Fernando Pessoa

A vida é uma tremenda bebedeira.
Eu nunca tiro dela outra impressão.
Passo nas ruas, tenho a sensação
De um carnaval cheio de cor e poeira...

"Carnaval", Fernando Pessoa

A vida é pouco e a dor é muito.

"In articulo mortis", Fernando Pessoa

Assim vivi, assim morri, a vida
Fiel à palavra dada e à ideia tida.
Tudo mais é com Deus!

Mensagem ("D. Pedro, Regente de Portugal"), Fernando Pessoa

A vida é breve, a alma é vasta:
Ter é tardar.

Mensagem ("O das Quinas"), Fernando Pessoa

A nossa vida não tinha dentro. Éramos fora e outros.

"Na floresta do alheamento", Fernando Pessoa

O tempo que eu hei sonhado
Quantos anos foi de vida!

"O andaime", Fernando Pessoa

Ah, quanto do meu passado
Foi só a vida mentida
De um futuro imaginado!

"O andaime", Fernando Pessoa

Na mortalidade absoluta das nossas almas, a nossa efêmera vida inutilmente tende, inutilmente atinge, inutilmente para sempre permanece.

"O paganismo de Caeiro", Fernando Pessoa

Minha vida seja digna da tua presença. Meu corpo seja digno da terra, tua cama. Minha alma possa aparecer diante de ti como um filho que volta ao lar.

"Prece", Fernando Pessoa

Basta ser breve e transitória a vida
Para ser sonho.

"Primeiro Fausto", Fernando Pessoa

Aborreço-me da possibilidade
De vida eterna; o tédio
De viver sempre deve ser imenso.

"Primeiro Fausto", Fernando Pessoa

A vida é o lado de fora da morte.

"Reflexões", Fernando Pessoa

Grandes como são as tragédias, nenhuma delas é maior do que a tragédia de sua própria vida.

"Shakespeare", Fernando Pessoa

A única realidade da vida é a sensação. A única realidade em arte é a consciência da sensação.

"O sensacionismo da nova cosmovisão", Fernando Pessoa

A vida é uma ilusão.

Sem título (23/7/1911), Fernando Pessoa

Passo a vida a adiar tudo —
e para quando?

Carta a Teixeira de Pascoaes (5/1/1914), Fernando Pessoa

Para onde vai a minha vida, e quem a leva?
Por que faço eu sempre o que não queria?
Que destino contínuo se passa em mim na treva?
Que parte de mim, que eu desconheço, é que me guia?

Sem título (5/6/1917), Fernando Pessoa

Ser um é cadeia.
Ser eu é não ser.
Viverei fugindo
Mas vivo a valer.

Sem título (5/4/1931), Fernando Pessoa

É hoje que sinto
Aquilo que fui.
Minha vida flui,
Feita do que minto.

Sem título (2/10/1933), Fernando Pessoa

O que é vida e o que é morte
Ninguém sabe ou saberá.

Sem título (10/4/1934), Fernando Pessoa

Tudo isto é nada,
Mas numa estrada
Como é a vida
Há muita coisa
Incompreendida...

Sem título (9/5/1934), Fernando Pessoa

Não mates nem estragues, porque não sabes o que é a vida, exceto que é um mistério.

Anotação sem data, Fernando Pessoa

A vida
Passa e não fica, nada deixa e nunca regressa
Vai para um mar muito longe,
Mais longe que os deuses
E sem desassossegos grandes.

"Odes" (12/6/1914), Ricardo Reis

Não consentem os deuses mais que a vida.

"Odes" (17/7/1914), Ricardo Reis

Quão breve tempo é a mais longa vida.

"Odes" (24/10/1923), Ricardo Reis

Sob a leve tutela
De deuses descuidosos,
Quero gastar as concedidas horas
Desta fadada vida.

"Odes" (sem data), Ricardo Reis

Vingança

É melhor matar um homem do que ameaçá-lo de morte,
porque os mortos já não pensam em vingar-se.

"Os preceitos práticos em geral e os de Henry Ford em particular", Fernando Pessoa

Vinho

Só quem da vida bebeu todo o vinho,
Dum trago ou não, mas sendo até ao fundo,
Sabe (mas sem remédio) o bom caminho.

"Em busca da beleza", Fernando Pessoa

Não falte trigo pra semente
Remédio ao doente,
Nem vinho à gente!

"Bachiana medieval", Fernando Pessoa

Virgem Maria

A Virgem Maria leva as tardes da eternidade a fazer meia.

"O guardador de rebanhos", Alberto Caeiro

Vitória

Talvez a vitória seja a morte, e a glória
Seja ser só memória disso
E talvez vencer seja mais morrer
Que sobreviver... Que é a morte? É ocaso...
A vida é só tê-la, vivê-la e perdê-la.

"A um revolucionário morto", Álvaro de Campos

Voltar

Partir!
Nunca voltarei,
Nunca voltarei porque nunca se volta.
O lugar a que se volta é sempre outro.

"Là-bas, je ne sais où...", Álvaro de Campos

X

Xadrez

Aprendamos na história
Dos calmos jogadores de xadrez
Como passar a vida.
O natural impulso dos instintos
Que ceda ao inútil gozo
De jogar um bom jogo.

"Odes" (1/6/1916), Ricardo Reis

Índice de poemas

Alberto Caeiro

Alexander Search

Álvaro de Campos

Antônio Mora

Barão de Teive

Bernardo Soares

Fernando Pessoa

Pero Botelho

Raphael Baldaya

Ricardo Reis

Um Sonhador Nostálgico do Abatimento e da Decadência

Este livro foi composto na tipologia Minion Pro,
em corpo 11/14,3, e impresso em papel off-white
no Sistema Cameron da Divisão Gráfica
da Distribuidora Record.